TOMOE SHINOHARA SEWING BOOK

# THE DRESS for KIDS
# ザ・ワンピース for KIDS

篠原ともえのソーイング BOOK

# Message

☆ようこそ☆
篠原ともえのソーイングワールドへ！

みなさんは「子どもたちにオリジナルのお洋服を作ってあげたい」
そう思ってこの本を手にしてくださったかたが多いのではないでしょうか。

私も子どものころに母が手作りでお洋服を作ってくれました。
一緒に生地を選び、作ってもらったお洋服は、
いちばんのお気に入りで、ずっと大好きな一着でした。

私がお裁縫をはじめたきっかけはとってもシンプル。「作ってみたい！」という気持ち。
その思いを作品に込めて、ゆっくりと手順を追えば、きっとすてきな一着が完成します。

お裁縫ビギナーさんは、簡単な仕立てのスカートやウエスト切替えのないワンピースから
トライしてみてはいかがでしょうか。
また、これまで『ザ・ワンピース1＆2』で大人用にデザインしたお洋服を
子ども用にアレンジしたものがいくつかありますので、
おそろいで作っていただけたらうれしいです。
いくつかの作品は、衿や袖、スカートを組み合わせることもできますので
自由にデザインしてみてください☆
また、バリエーションを広げ、男の子のパンツスタイルもデザインしました。

育児に忙しいみなさんは、生地をカットする日、縫う日、ボタンをつける日など作業を分けたり、
サイズ間違いがないように、仕上げ前にまち針を抜いて着てもらったり、
ぜひご自身のペースで、かわいく楽しく完成を目指しましょう！

大満足のオリジナルな一着ができますように。
さぁ！はじめましょう♪

篠原ともえ

# Contents

**Formal Dress**
page 4

**Tulip Sleeve Dress**
page 6

**Tulle Skirt Dress & Bolero**
page 8

**A-line Dress & Bolero**
page 10

**Sailor Collar Dress**
page 12

**Sew Easy Dress**
page 14

**Stripe×Stripe Dress**
page 16

**Coat Dress**
page 18

**Sailor Collar Blouse & Pants**
page 20

**Hooded Pullover**
page 22

**Frill Sleeve Blouse**
page 24

**Peplum Blouse**
page 26

**Overall Pants**
page 28

**Jumper Dress**
page 28

**Tuck Gather Skirt**
page 30

**Balloon Tiered Skirt**
page 32

**Basic Short Pants**
page 34

**Frill Pants**
page 36

**Pumpkin Pants**
page 38

**Sewing Lesson**
ワンピースを縫ってみましょう
page 40

**Point Lesson**
バイアステープ いろいろ
page 48

**for Mother**
ママとおそろいコーディネート
page 49

**How to make**
作り方
page 50

**Basic Technique**
手縫いの基礎テクニック
page 87

# Formal Dress

**フォーマルワンピース**

白い丸衿とパフスリーブで、小さくてもきちんとした装い。
特別な日のセレモニーには、シックなタータンチェックを選んで、
ママとのリンクコーディネートを楽しんでみてはいかが。

*see page* **40**

# Tulip Sleeve Dress
## チューリップスリーブワンピース

『ザ・ワンピース』でデザインしたワンピースを子どもサイズに。
小さな肩にチューリップの花が咲いたような、ふんわり袖がポイントです。
スカートと袖の形がきれいに出るよう、適度に張りのあるコットンを選びました。

see page **50**

# Tulle Skirt Dress & Bolero

### チュールつきワンピース & ボレロ

発表会や結婚式のおよばれも、ママの手作り服でおめかししたい！
そんな小さなレディのための、大人顔負けのチュールワンピース。
おそろいボレロをはおれば、スリーシーズン活用できます。

see page **52, 54**

# A-line Dress & Bolero

**A ラインワンピース & ボレロ**

大好きな椿柄に惹かれ、シンプルなAラインワンピースにしました。
両肩あきのスナップ仕上げで脱ぎ着しやすい形です。
ボレロとのセットアップにしたら、ちょっとしたおでかけにも。

see page **54, 56**

# Sailor Collar Dress

## セーラーカラーワンピース

『ザ・ワンピース2』のセーラーカラーワンピースを子ども仕様にアレンジ。
子どもがかぶりやすいように衿ぐりを大きくしたので、胸当てをつけました。
素材次第で、カジュアルにもフォーマルにもなる万能パターンです。

see page **58**

# Sew Easy Dress

### 簡単ワンピース

はじめてママにもトライしてほしい、簡単仕立てのワンピース。
ひとりでも着替えやすいように、衿ぐりとウエストはゴム仕様にしました。
パステルカラーのパレットみたいなプリントで、ポップな一着に。

see page **60**

# Stripe×Stripe Dress

### ストライプ×ストライプワンピース

簡単ワンピースの裾と袖にフリルをつけたら、ぐっとガーリーに。
コットンブロードのストライプは、色や線幅が豊富にそろっているので、
親子や姉妹で、色違いで作って着るのもおすすめです。

see page **62, 86**

# Coat Dress

### コートワンピース

Aラインワンピースを前あきにしてコートワンピースにアレンジ。
パッチポケットをつけることで、ぐっとアウターらしくなります。
ママの服より小さいギンガムチェックを選べば、小さなレディに。

see page **64**

# Sailor Collar Blouse & Pants

### セーラーカラーブラウス&パンツ

セーラーカラーワンピースの着丈を短くして、
真っ赤なリックラックテープを効かせた、デニムブラウスにしました。
おそろいパンツと合わせて、制服風コーディネートに。

see page **66, 67**

# Hooded Pullover

## フードつきプルオーバー

セーラーカラーブラウスの衿を、フードにチェンジ。
肌寒いときさっと着せられる、こまめな体温調節にぴったりの一枚です。
空気を含んでふっくらと風合いのいいコットンも気に入っています。

see page **68**

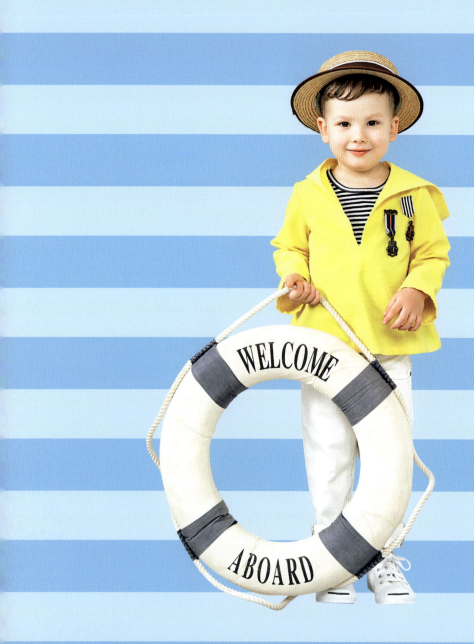

# Frill Sleeve Blouse

**フリルスリーブブラウス**

大きめの丸衿とフリルスリーブのレディライクなブラウス。
ずっと愛せるリバティプリントで、さりげないペアルックに。
小さいからこそ、美しい素材と仕立てにこだわりたいですね。

see page **70**

# Peplum Blouse

## ペプラムブラウス

簡単ワンピースをショート丈にして、裾にペプラムをつけたブラウス。
白いコットンレースは、少女の愛らしさを100％引き出す素材だと思います。
たくさん着て、ざぶざぶ洗って、すぐ乾く、夏の理想的なデイリーウェアに。

see page **72**

# Overall Pants & Jumper Dress

オーバーオール & ジャンパースカート

胸当てが共通パターンのパンツとスカートで、兄妹のリンクコーディネート。
色数豊富なコーデュロイで、いちばん似合う色を探して。
背中のひもにつけたボタンで、3段階のサイズ調整が可能です。

see page **74, 76**

# Tuck Gather Skirt

**タックギャザースカート**

ボリュームたっぷりのスカートは、女の子の永遠のあこがれ。
細かい手間を惜しまず、丁寧に仕上げてあげたい一着です。
ウエストにタックを寄せて、四角い布でもきれいな形になるよう工夫しています。

see page **78**

# Balloon Tiered Skirt

**バルーンティアードスカート**

360°どこから見ても、丸みのあるシルエットがキュートなシノラースカート☆
布をたっぷり使い、裾をわにして裾上げの手間をなくしました。
ふんわりボリュームを出すには、Wガーゼなど柔らかい素材がおすすめです。

see page **80**

# Basic Short Pants
**ベーシックショートパンツ**

作りやすさと動きやすさを重視した、基本のショートパンツ。
20ページのデニムパンツと、実はパターンは一緒。
男女問わず、さまざまなシーンで、いっぱい活用してほしいパターンです。
*see page* **82**

# Frill Pants

## フリルパンツ

フリフリは女の子だけのもの？そんなことはありません。
男の子にも女の子にも着てほしいから、カーキのニット地で作りました。
細身のきれいなシルエットだけれど、伸縮素材で着やすさは抜群です。

*see page* **84**

# Pumpkin Pants
### かぼちゃパンツ

ベーシックショートパンツの裾にゴムを入れただけのかぼちゃパンツ。
ネオンカラーのギンガムチェックで、元気いっぱいに仕上げました。
女の子はスカートに重ねて、ペチパンツにもできます。
see page **85**

# Sewing Lesson

## ワンピースを縫ってみましょう

p.4の「フォーマルワンピース」のパターンを使って、ワンピースの基本的な縫い方をレッスンしましょう。

### a
### フォーマルワンピース

実物大パターンA面

**材料** 左からサイズ100／110／120／130／140㎝。指定以外、各サイズ共通

布［タータンチェック］…148㎝幅100／110／120／130／140 ㎝
布［綿ブロード］…105㎝幅30㎝
接着芯（表衿）…90㎝幅30㎝
コンシールファスナー（紺）…56㎝を1本
平ゴム…6㎜幅50／50／60／60／60㎝
バイアステープ（両折れタイプ・紺）…12.7㎜幅50㎝
伸止めテープ（ポケット口）…12㎜幅70㎝
スプリングホック…1組み

まずはハトロン紙にパターンを写すことが最初のステップ☆

**出来上り寸法表**（単位は㎝）

| サイズ | 100 | 110 | 120 | 130 | 140 |
|---|---|---|---|---|---|
| バスト | 63.5 | 67.5 | 71.5 | 75.5 | 79.5 |
| ウエスト | 58.5 | 62.5 | 66.5 | 70.5 | 74.5 |
| 着丈 | 50 | 55 | 60 | 65 | 71 |

※モデルは身長103㎝で100㎝サイズを着用しています

●付録の実物大パターンには縫い代がついていません。ハトロン紙にパターンを写しとり、裁合せ図を見て、写しとったパターンに縫い代をつけてください。

縫い方順序

袖口ゴム寸法
（縫い代1含む）
100=23
110=24
120=25
130=26
140=27

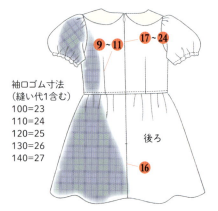

### コンシールファスナー

エレメント（ファスナーのかみ合せ部分）や縫い目が表から見えないファスナー。この本では、すべて56㎝のものを使用。縫いつけてからカットします。

### コンシール押え

コンシールファスナーをつけるときの押え金。溝にエレメントをはめ込んで、際を縫うことができます。職業用ミシンと家庭用ミシンとで規格が異なるので注意。

### バイアステープ

布目に対し斜め45°に裁ったテープ状の布。この作品では、両折れタイプ12.7㎜幅を使用。用途によって、縁とりタイプや幅違いを使うこともあるので、注意。

### 伸止めテープ

接着芯をテープ状にしたもの。ストレートタイプ、ハーフバイアスタイプなどがあります。この本では、すべてハーフバイアス12㎜幅を使用。

## 裁合せ

### 柄合せ
縫製後に柄がきれいに合うように裁断します。

袖の縦と横の柄を前身頃とそろえる

脇線の裾で横の柄をそろえる

後ろ中心を縦の柄の中心にそろえる

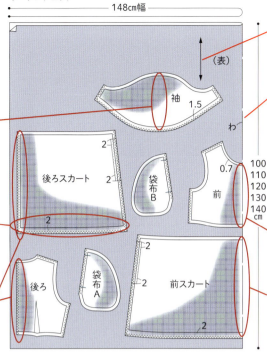

タータンチェック　148cm幅

*数字は上からサイズ100、110、120、130、140cm
*指定以外の縫い代は1cm
* ▨ は接着芯・伸止めテープをはる
* 〰 はロックミシンをかける

### 布目線
布地のたて糸の方向を表わす線。パターンの布目線と布目を合わせて配置します。

### わ
パターンに「わ」の記載がある場合は、布地の折り山にパターンの「わ」を合わせます。2枚一緒に布地を裁つので、左右対称のパーツがとれます。

縦の柄の中心を「わ」にして布地を二つ折り

### 接着芯
当て紙（ハトロン紙など）をし、中温のアイロンで押さえます。アイロンはすべらせず、1か所を10秒くらいずつ押さえてはります。

綿ブロード　105cm幅　30cm
表衿のみ芯　0.7

### 用尺
同じ服を作るのでも、布幅によって必要な長さ（=用尺）が変わってきます。
たとえば、110cm幅の布地でこのワンピースの100cmサイズを作る場合の用尺は1.2mです。

110cm幅
120 130 140 150 160 cm

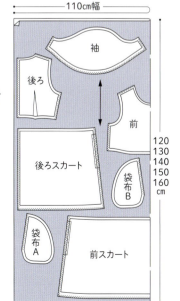

布幅やサイズによって配置が変わることがあるので、すべてのパーツが入ることを確かめてから裁断しましょう

### 準備
● 表衿に接着芯をはる。
● 前後ポケット口に伸止めテープをはる。
● 身頃の肩、脇、後ろ中心、スカートの脇、後ろ中心、裾、袖下、袖口、袋布の口にロックミシンをかける（ジグザグミシンで代用可）。

左右、前後など、間違えないようにチャコで描き入れて！

41

わかりやすいように無地の布で解説しています

## スカートの脇を縫う

**1**

ポケット口を残して脇を縫う。ポケット口の上下は返し縫いをする。縫い代をアイロンで割る。

## ポケットを作る

**2**
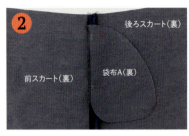
前スカートの縫い代の端と袋布Aの端をそろえ、ポケット口をまち針でとめる。

**3**
DETAILS
縫い代を起こして、スカート側からポケット口を縫う。

縫うごとにアイロンをかけて、丁寧に進めましょう

**4**

袋布Aを縫い目からアイロンで折る。ポケット口の縫い代にとめミシンをかける。

**5**
DETAILS
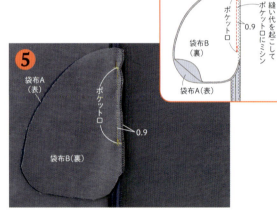
袋布Bを中表に重ねて後ろスカートの縫い代の端とそろえ、縫い代を起こして後ろスカート側からポケット口を縫う。

**6**
ZOOM UP

袋布A、Bを合わせてまち針でとめ、2回縫う。縫い代は2枚一緒にロックミシンをかける。

**7**
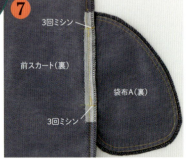
前スカートの縫い代と袋布A、Bのポケット口をミシンで3回重ねて縫う。

**8**
ZOOM UP

袋布をスカートの縫い代にまつる。

## 後ろ身頃のダーツを縫う

返し縫いはNG！ダーツの先が固くなり、きれいに仕上がりません

⑨ 後ろ身頃のダーツの線を中表に合わせてまち針でとめ、ウエスト側から先に向かってミシンで縫う。返し縫いはしないで糸端を約10cm残して切る。

⑩ 残した糸は2本一緒に結ぶ。輪に目打ちを入れ、ダーツの先端を押さえて引いて、際で結び目を作る。

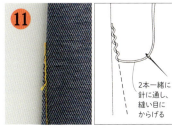
⑪ 糸端に針を通し、ダーツを倒す側（中心側）の縫い目にくぐらせ、余分な糸をカットする。ダーツは中心側に倒し、アイロンで整える。

2本一緒に針に通し、縫い目にからげる

## 身頃の脇を縫う

⑫ 前身頃と後ろ身頃を中表に合わせ、脇を縫う。縫い代をアイロンで割る。

## ウエストを縫い合わせる

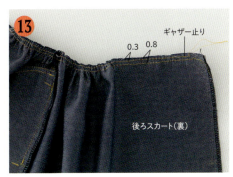
⑬ スカートのウエストに大きな針目のミシンをギャザー止りまで2本かける。2本一緒に下糸を引いてギャザーを寄せる。

ギャザーを寄せたら縫い代部分をアイロンで押さえましょう

⑭ 身頃とスカートのウエストを中表に合わせて縫う。縫い代は2枚一緒にロックミシンをかけ、身頃側に倒す。

**POINT** 後ろスカートの縫い代にファスナーつけのための切込みを入れて割る

⑮ 表側からステッチをかける。

43

## 後ろ中心を縫う

後ろ中心のファスナー止まりから下を縫い合わせる。ファスナー止まりは返し縫いをする。

## コンシールファスナーをつける

ファスナー止まりから上を大きな針目のミシンで縫い合わせる。

あとからほどくので返し縫いはしなくてOK

**目打ち**
縫い目をほどく、形を整えるなどの洋裁の細かい作業に必須。

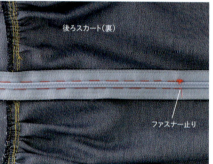

後ろ中心の縫い代をアイロンで割り、コンシールファスナーの中心と合わせてまち針でとめ、縫い代のみにしつけでとめる。エレメントの際を、ファスナー止まりまでしつけをする。

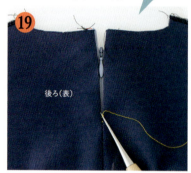

大きな針目のミシンをほどく。

縫い目はエレメントに隠れて見えなくなります

スライダーをファスナー止まりより下げておく。

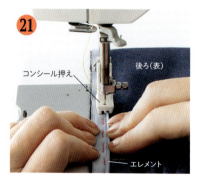

ミシンの押え金をコンシール押えに替える。縫い代を開き、エレメントを起こして押え金の溝にはめ、際にミシンをかける。

ファスナー止まりまで縫ったら、スライダーをファスナー止まりのすきまから上に引き上げる。

## 肩を縫う

㉕ 肩を縫い合わせ、縫い代をアイロンで割る。

だいぶ形になってきたから、まち針を抜いて着せてみましょう

㉓ ファスナー止りのとめ金具をファスナー止りまで上げ、ペンチで固定する。ファスナーテープはとめ金具から2cm残してカットする。

㉔ ミシンの押え金を元に戻し、ファスナーテープの端を縫い代のみに縫う。

## 衿を作る

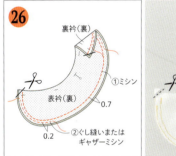
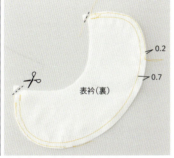

㉖ 表衿と裏衿を中表に合わせ、外回りを縫う。カーブの縫い代にギャザーミシン（針目の大きなミシン）をかけるか、ぐし縫いをする。角の縫い代をカットする。

㉗ 糸を引いてギャザーを寄せて、カーブを整える。縫い目から表衿側に折って、アイロンでギャザーをつぶす。

㉘ 表に返してアイロンで整え、内回りにしつけをする。裁ち端がずれた場合は、ずれたまま平らにしてしつけをする。

## 衿をつける

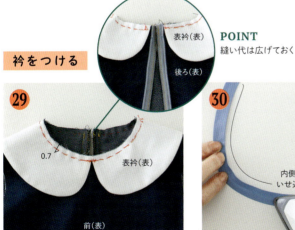

**POINT** 縫い代は広げておく

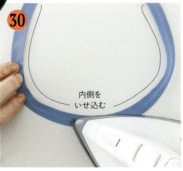
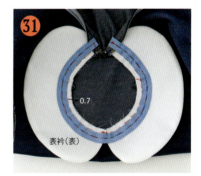

㉙ 衿ぐりにのせて前中心で合わせ、出来上りに細かくしつけをする。

㉚ バイアステープを衿ぐりに合わせてアイロンでくせをつける。外回りはあまり伸ばさないように内側をいせ込んでカーブを作る。

㉛ テープの折り山を出来上り（端から0.7）と合わせてテープの中央をしつけでとめる。

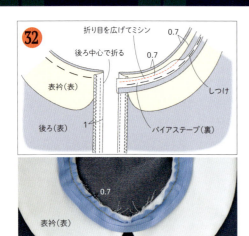

テープの折り目を広げて縫う。

テープをよけて、衿と身頃のカーブに切込みを入れる。

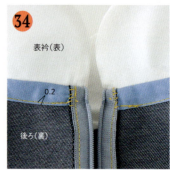

テープを表に返し、アイロンで整えて、ステッチをかける。ファスナーテープの端をまつる。

> ギャザーミシンは、袖口のカーブをきれいに縫うひと手間です

## 袖を作る

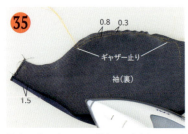

袖山にギャザーミシン（針目の大きなミシン）をかけ、袖口の縫い代をアイロンで押さえて折り目をつける。

袖下を縫い合わせ、縫い代をアイロンで割る。袖口のカーブにギャザーミシンをかけるか、ぐし縫いをする。

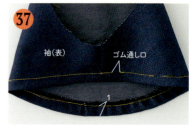

袖口のギャザーミシンの糸を引いてカーブを整え、袖下付近にゴム通し口を1cm残して裏から縫う。

## 袖をつける

袖山のギャザーミシンの糸を引き、身頃のつけ寸法に合わせてギャザーを寄せる。

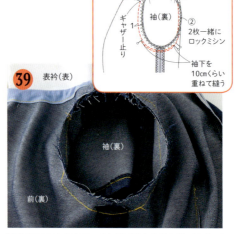

袖を身頃の中に入れ、合い印どうしをまち針でとめてしつけをする。袖側を見ながら縫う。袖下は10cmくらい重ねて縫う。縫い代は2枚一緒にロックミシンをかける。

### ひも通し
ゴムやひもを通す作業が簡単にできます。大きな安全ピンでも代用可。

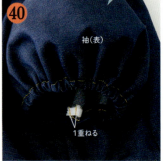

袖口に平ゴムを通し、1cm重ねて縫いとめる。

## 裾を縫う

**アイロン定規**
裾上げに便利な耐熱性の定規。

おしゃれ着はまつり縫いで仕上げましょう

㊶ スカート（表） 1.5

裾の縫い代をアイロンで折り、裾を裏から縫う。素材によってはまつり縫い（→p.87）で仕上げる。

## スプリングホックをつける

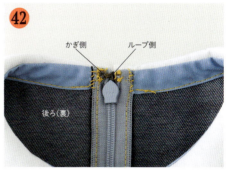

㊷ かぎ側　ループ側　後ろ（裏）

ミシン糸2本どりでファスナーテープにスプリングホックをつける（→p.87）。右後ろにはかぎ側、左後ろにはループ側をつける。

# FINISH

ワンピースができました！

FRONT　　　BACK

# Point Lesson
## バイアステープいろいろ

衿ぐりや袖ぐりの処理に役立つバイアステープ。
この本では衿つけ（→p.45）以外に、2種類の使い方をしています。

### 見返し始末　両折れタイプ 12.7mm幅を使用

❶ バイアステープはカーブに合わせてくせをつけ（p.45 30）、折り山を出来上りと合わせてテープの中央をしつけでとめる。

❷ テープの折り目を広げて縫う。テープをよけて、身頃のカーブに切込みを入れる。

❸ テープを表に返し、アイロンで整えて、ステッチをかける。表側からバイアステープは見えない。

### 縁とり始末　縁とりタイプ 8mm幅を使用

❶ バイアステープはカーブに合わせてくせをつけ（p.45 30）、衿ぐりと裁ち端をそろえ、しつけでとめる。

❷ テープの折り目を広げて縫う。

❸ テープで表に返して布端をくるんでアイロンで整えてしつけをし、表側からステッチをかける。

## OPTION
### バイアステープを作る場合

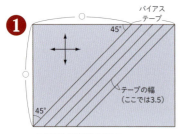

❶ バイアスに布地を裁つ。

❷ テープをつなぐときは、中表にし、両端の縫い代分をずらして縫う。縫い代はアイロンで割り、余分はカットする。

布端を合わせるとまっすぐにつながりません

### テープメーカー
バイアステープに簡単できれいに折り目がつく。

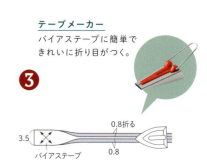

❸ アイロンで折り目をつける。

# for Mother
## ママとおそろいコーディネート

『ザ・ワンピース for KIDS』は、篠原ともえのソーイングBOOKシリーズに掲載の
大人服とおそろいにできるアイディアがいっぱいです。

**page 4の**
フォーマルワンピースは…

パターンLINK

『ザ・ワンピース』
タータンチェックワンピース

**page 6の**
チューリップスリーブワンピースは…

パターンLINK

『ザ・ワンピース』
シルク刺繍ワンピース

**page 10の**
Aラインワンピース&ボレロは…

パターンLINK

『ザ・ワンピース2』
ノースリーブワンピース&ボレロ

**page 12の**
セーラーカラーワンピースは…

パターンLINK
素材LINK

『ザ・ワンピース2』
セーラーカラーワンピース

**page 16の**
ストライプ×ストライプワンピースは…

素材LINK
小物LINK

『ザ・ワンピース2』
ストライプ×ストライプワンピース

**page 18の**
コートワンピースは…

パターンLINK
素材LINK

『ザ・ワンピース2』
コートワンピース

**page 20の**
セーラーカラーブラウス&パンツは…

素材LINK

『ザ・ワンピース』
デニムワンピース

**page 24の**
フリルスリーブブラウスは…

素材LINK

『ザ・ワンピース』
リバティプリントワンピース

**page 26の**
ペプラムブラウスは…

パターンLINK
素材LINK

『ザ・ワンピース2』
フレアスリーブブラウス

## b・チューリップスリーブワンピース

**実物大パターンA面**

【材料】左からサイズ100／110／120／130／140cm。指定以外、各サイズ共通
布［綿無地］…110cm幅1.2／1.3／1.4／1.5／1.6m
コンシールファスナー（赤）…56cmを1本
バイアステープ（両折れタイプ・赤）…12.7mm幅50cm
伸止めテープ（ポケット口）…12mm幅70cm
スプリングホック…1組み

【作り方】
準備
- 前後ポケット口に伸止めテープをはる。
- 前後身頃の肩、脇、後ろ中心、スカートの脇、後ろ中心、裾、袖口、袋布の口にロックミシンをかける。

1. ポケット口を残してスカートの脇を縫う。縫い代は割る（p.42・1参照）。
2. ポケットを作る（p.42・2〜8参照）。
3. 後ろ身頃のダーツを縫う。縫い代は中心側に倒す（p.43・9〜11参照）。
4. 身頃の脇を縫う。縫い代は割る（p.43・12参照）。
5. スカートのウエストのタックをたたんで仮どめし、身頃とスカートを縫い合わせる。縫い代は2枚一緒にロックミシンをかけて身頃側に倒す。ウエストにステッチをかける。
6. スカートの後ろ中心を縫う。縫い代は割る（p.44・16参照）。
7. ファスナーをつける（p.44・17〜24参照）。
8. 肩を縫う。縫い代は割る（p.45・25参照）。
9. 衿ぐりをバイアステープで始末する（p.48「見返し始末」参照）。
10. 袖を作る。
11. 袖をつける。（p.46・38〜40参照）。
12. 裾を二つ折りにして縫う。
13. スプリングホックをつける。

【裁合せ図】

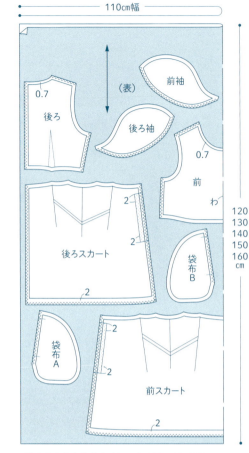

＊数字は上からサイズ100、110、120、130、140cm
＊指定以外の縫い代は1cm
＊ ▨ は伸止めテープをはる
＊ 〜〜〜 はロックミシンをかける

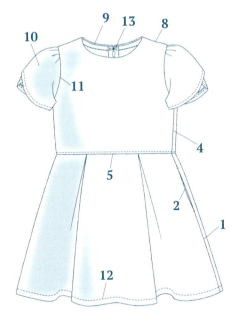

『ザ・ワンピース』に掲載の
大人用チューリップスリーブとは
前後袖の重なりを変えました。
腕をたくさん動かしても、
きれいに着られるための
アレンジです☆

出来上り寸法表（単位はcm）

| サイズ | 100 | 110 | 120 | 130 | 140 |
|---|---|---|---|---|---|
| バスト | 63.5 | 67.5 | 71.5 | 75.5 | 79.5 |
| ウエスト | 58.5 | 62.5 | 66.5 | 70.5 | 74.5 |
| 着丈 | 50 | 55 | 60 | 65 | 71 |

※モデルは身長103cmで100cmサイズを着用しています

# Tulip Sleeve Dress

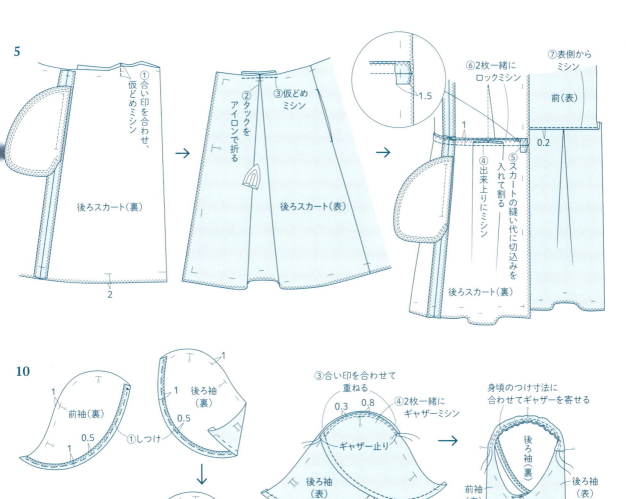

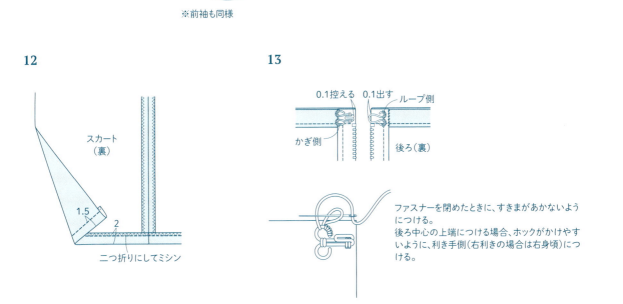

## page 8
### c・チュールつきワンピース

**実物大パターンA面** ※オーバースカート（チュール）は右ページを参照して じか裁ちする

【材料】左からサイズ100／110／120／130／140。指定以外、各サイズ共通
布［ポリエステルシャンタン］…112cm幅1／1.1／1.2／1.3／1.4m
布［チュール］…115cm幅1／1.1／1.2／1.3／1.4m
コンシールファスナー（青）…56cmを1本
バイアステープ（両折れタイプ・青）…12.7mm幅1.3m
スプリングホック…1組み

【作り方】
準備
・ 身頃の肩、後ろ中心、スカートの後ろ中心、裾にロックミシンをかける。
1 オーバースカート（チュール）の脇と後ろ中心を縫い、あきを作る。ウエストにギャザーミシンをかける。
2 スカートの脇を縫う。縫い代は2枚一緒にロックミシンをかけて前側に倒す。
3 スカートの後ろ中心を縫う。縫い代は割る。
4 スカートの裾を二つ折りにして縫う。
5 スカートとチュールのウエストにギャザーを寄せて重ねる。
6 後ろ身頃のダーツを縫う。縫い代は中心側に倒す（p.43・9〜11参照）。
7 身頃の脇を縫う。縫い代は2枚一緒にロックミシンをかけて前側に倒す。
8 身頃とスカートを縫い合わせる。縫い代は3枚一緒にロックミシンをかけて身頃側に倒す。ウエストにステッチをかける。
9 ファスナーをつける（p.44・17〜24参照）。
10 肩を縫う。縫い代は割る（p.45・25参照）。
11 衿ぐりと袖ぐりをバイアステープで始末する（p.48「見返し始末」参照）。
12 スプリングホックをつける。

【裁合せ図】

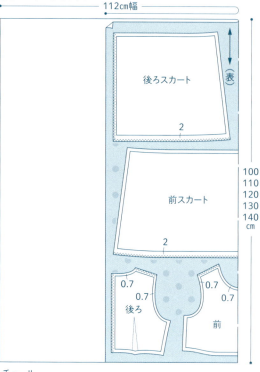
ポリエステルシャンタン

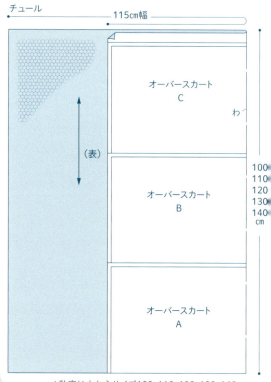
チュール

＊数字は上からサイズ100、110、120、130、140cm
＊指定以外の縫い代は1cm
＊ 〰〰〰〰 はロックミシンをかける

ソフトチュールよりも
やや張りがあって
破れにくい
カラミチュールを
使っています

出来上り寸法表（単位はcm）

| サイズ | 100 | 110 | 120 | 130 | 140 |
|---|---|---|---|---|---|
| バスト | 63.5 | 67.5 | 71.5 | 75.5 | 79.5 |
| ウエスト | 58.5 | 62.5 | 66.5 | 70.5 | 74.5 |
| 着丈 | 50 | 55 | 60 | 65 | 71 |

※モデルは身長103cmで100cmサイズを着用しています

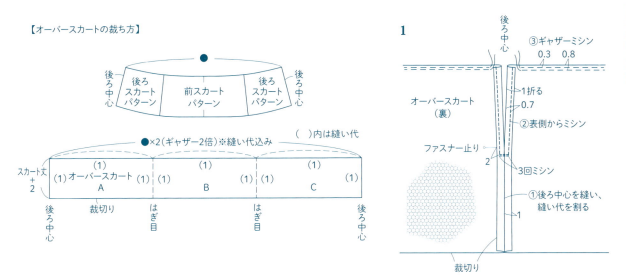

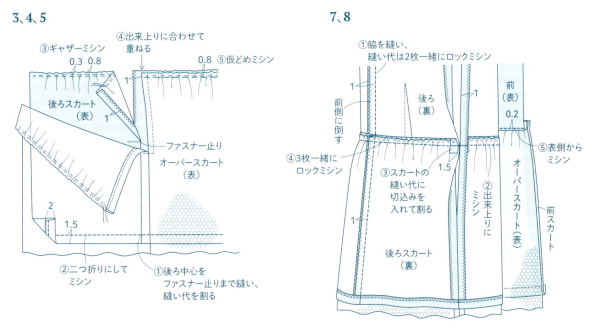

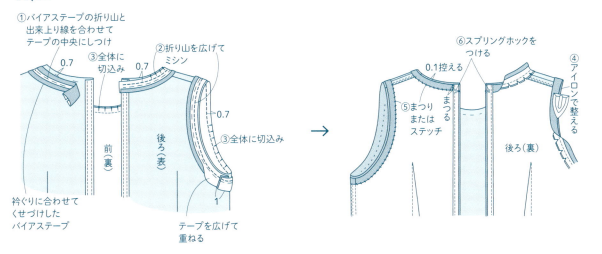

page 9,10
## d・ボレロ

**実物大パターンA面**

【材料】左からサイズ100／110／120／130／140cm。指定以外、各サイズ共通
p.9 布［ポリエステルシャンタン］…112cm幅 0.6／0.7／0.7／0.8／0.8m
p.10 布［綿プリント地］…110cm幅 0.6／0.7／0.7／0.8／0.8m
接着芯（前見返し、後ろ衿ぐり見返し）…90cm幅40cm
スナップ…直径9mmを1組み

【作り方】
準備
・ 前見返し、後ろ衿ぐり見返しに接着芯をはる。
・ 袖口、前見返しの端、後ろ衿ぐり見返しの端にロックミシンをかける。
1 身頃の肩を縫う。縫い代は2枚一緒にロックミシンをかけて後ろ側に倒す。見返しの肩を縫う。縫い代は2枚一緒にロックミシンをかけて前側に倒す。
2 脇を縫う。縫い代は2枚一緒にロックミシンをかけて前側に倒す。
3 身頃と見返しを中表に合わせて衿ぐりと前端を縫い、表に返す。
4 裾を二つ折りにして縫う。
5 袖下を縫う。縫い代は2枚一緒にロックミシンをかけて後ろ側に倒す。
6 袖口を二つ折りにして縫う。
7 袖をつける。縫い代は2枚一緒にロックミシンをかけて袖側に倒す。
8 スナップをつける（p.87参照）。

【裁合せ図】

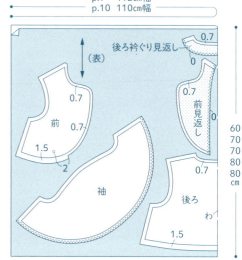

＊数字は上からサイズ100、110、120、130、140cm
＊指定以外の縫い代は1cm
＊ ▓ は接着芯をはる
＊〜〜〜〜はロックミシンをかける

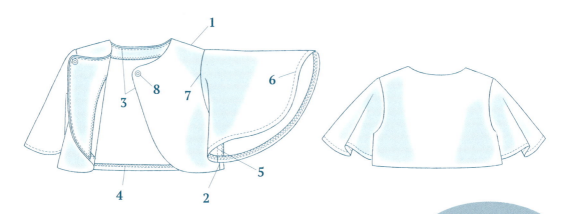

裾、前端、衿ぐりの仕上げは、
おしゃれ着はステッチなし、
ふだん着はステッチあり。
布によって変えています☆

出来上り寸法表（単位はcm）

| サイズ | 100 | 110 | 120 | 130 | 140 |
|---|---|---|---|---|---|
| バスト | 67 | 71 | 75 | 79 | 83 |
| 着丈 | 21.5 | 23.5 | 25.5 | 27.5 | 29.5 |
| 袖丈 | 16.5 | 17.5 | 18.5 | 19.5 | 20.5 |

※モデルは身長103cmで100cmサイズを着用しています

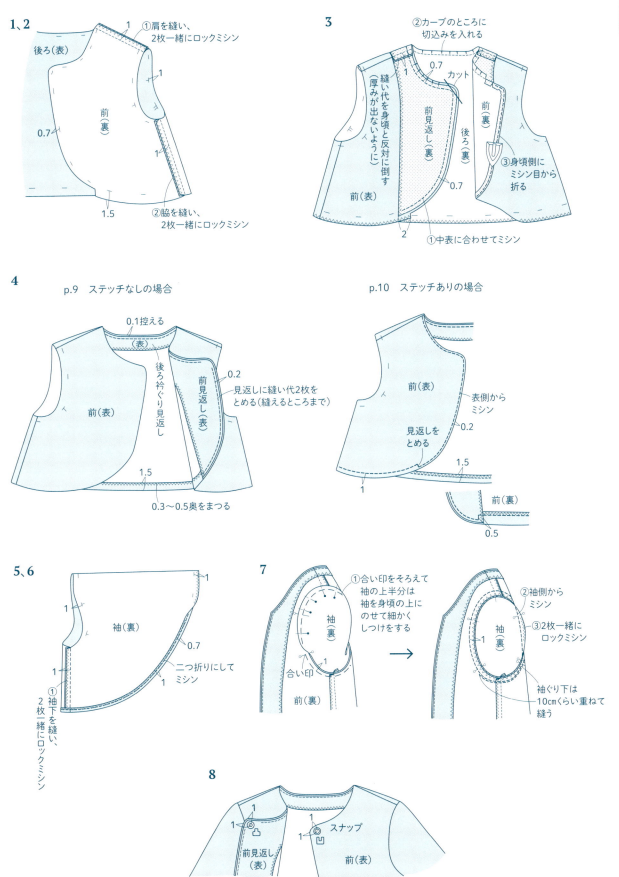

page 10

## e・Aラインワンピース

**実物大パターンB面**

【材料】左からサイズ100／110／120／130／140cm。指定以外、各サイズ共通
布［綿プリント地］…110cm幅1.3／1.4／1.5／1.6／1.7m
接着芯（肩見返し）…20×30cm
バイアステープ（ふちどりタイプ・黄色）…8mm幅1.6m
伸止めテープ（ポケット口）…12mm幅70cm
スナップ…直径9mmを4組み

【作り方】
準備
- 肩の見返しに接着芯をはる。
- 前後ポケット口に伸止めテープをはる。
- 身頃の脇、裾、肩見返しの端、袋布の口にロックミシンをかける。

1. ポケット口を残して脇を縫う。縫い代は割る（p.42・1参照）。
2. ポケットを作る（p.42・2～8参照）。
3. 裾を二つ折りにして縫う。
4. 肩の見返しを折り、衿ぐり、袖ぐりをバイアステープでくるむ（p.48「縁とり始末」参照）。
5. 肩にスナップをつける（p.87参照）。

【裁合せ図】

*数字は上からサイズ100、110、120、130、140cm
*指定以外の縫い代は1cm
* ▨ は接着芯・伸止めテープをはる
* 〰〰 はロックミシンをかける

バイアステープは、布の色に合わせたり、アクセントカラーを使ったり、オリジナルな服づくりを楽しんで♪

出来上り寸法表（単位はcm）

| サイズ | 100 | 110 | 120 | 130 | 140 |
|---|---|---|---|---|---|
| バスト | 67 | 71 | 75 | 79 | 83 |
| 着丈 | 50 | 55 | 60 | 65 | 71 |

※モデルは身長103cmで100cmサイズを着用しています

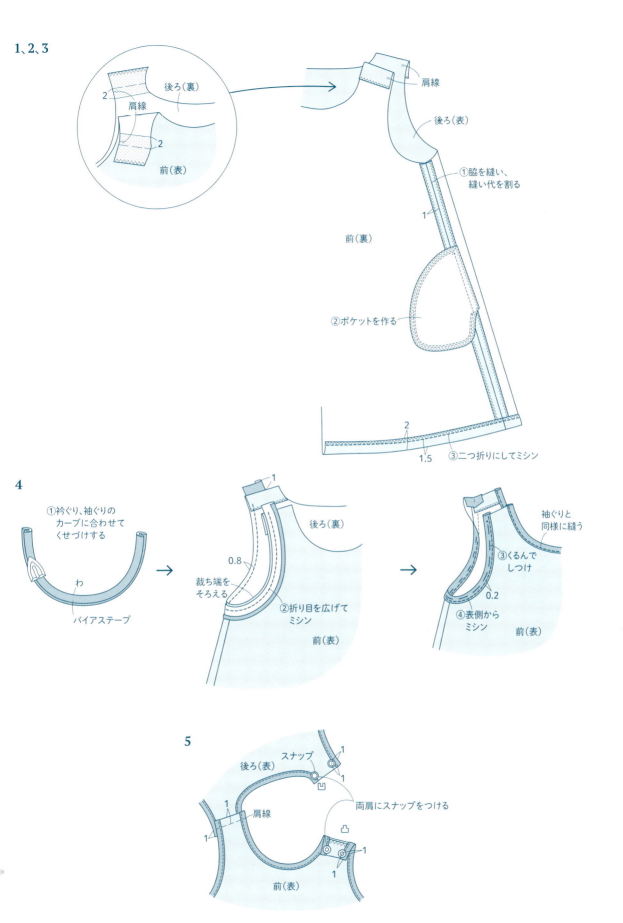

## f・セーラーカラーワンピース

**実物大パターンB面**

【材料】左からサイズ100／110／120／130／140。指定以外、各サイズ共通
布［綿麻プリント地］…110cm幅（プリント有効幅105cm）1.2／1.3／1.4／1.5／1.6m
布［綿麻無地］105cm幅40cm
接着芯（表衿、前見返し、後ろ衿ぐり見返し、表胸当て、カフス）…90cm幅40cm
伸止めテープ（ポケット口）…12mm幅70cm
ボタン…直径10mmを1個
スナップ…直径9mmを2組み
丸ゴム…直径1mmを5cm

【作り方】
準備
- 表衿、前見返し、後ろ衿ぐり見返し、表胸当て、カフスに接着芯をはる。
- 前後ポケット口に伸止めテープをはる。
- 身頃の肩、脇、裾、袖下、前見返しの端、後ろ衿ぐり見返しの端、袋布の口にロックミシンをかける。

1. ポケット口を残して脇を縫う。縫い代は割る（p.42・1参照）。
2. ポケットを作る（p.42・2〜8参照）。
3. 裾を二つ折りにして縫う（p.47・41参照）。
4. 身頃と見返しの肩をそれぞれ縫う。縫い代は割る。
5. 身頃にループをとめる。
6. 衿を作る。
7. 身頃、衿と見返しを中表に合わせて、衿ぐり、スラッシュあきを続けて縫い返し、衿ぐりにステッチをかける。
8. 袖を作る。
9. 袖をつける。縫い代は2枚一緒にロックミシンをかけて袖側に倒す（p.69・7参照）。
10. 胸当てを作り、左側を衿ぐりにとめる。
11. ボタン、スナップをつける（p.87参照）。

【裁合せ図】

綿麻無地

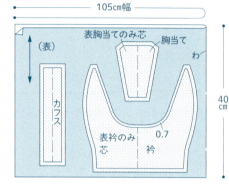

綿麻プリント

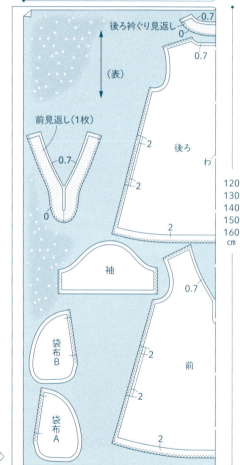

*数字は上からサイズ100、110、120、130、140cm
*指定以外の縫い代は1cm
* ▒ は接着芯・伸止めテープをはる
* 〰〰〰 はロックミシンをかける

出来上り寸法表（単位はcm）

| サイズ | 100 | 110 | 120 | 130 | 140 |
|---|---|---|---|---|---|
| バスト | 67 | 71 | 75 | 79 | 83 |
| 着丈 | 50 | 55 | 60 | 65 | 71 |
| 袖丈 | 15.5 | 16.5 | 17 | 18 | 18.5 |

※モデルは身長103cmで100cmサイズを着用しています

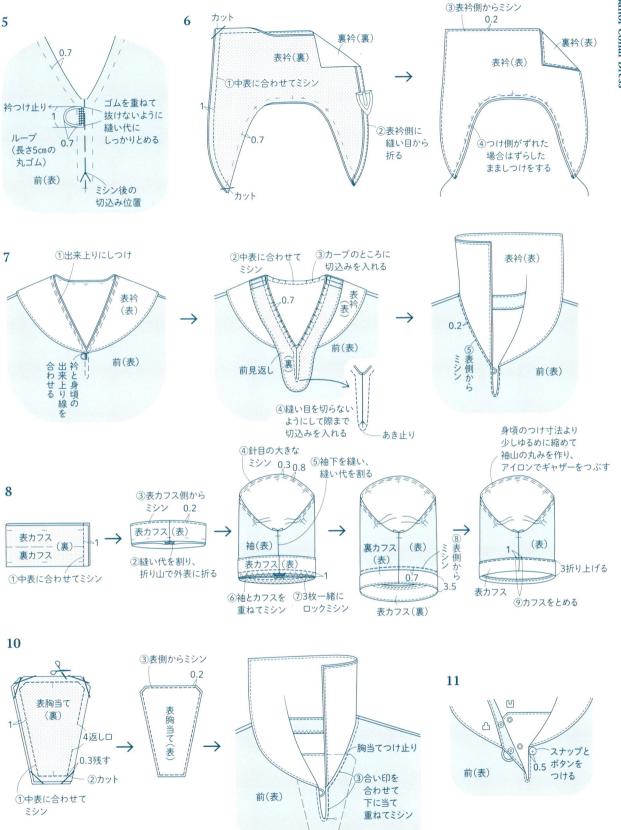

## page 14
### g・簡単ワンピース

実物大パターンC面

【材料】左からサイズ100／110／120／130／140cm。指定以外、各サイズ共通
布[綿バニランプリント地]…110cm幅1.4／1.5／1.6／1.7／1.8m
バイアステープ(両折れタイプ・白)…12.7mm幅(衿ぐり)80cm
　　　　　　　　　　　　　　　…25mm幅(ウエスト)1.2m
伸止めテープ(ポケット口)…12mm幅70cm
平ゴム…6mm幅(衿ぐり、袖口)0.9／1／1／1／1.1m
　　　…20mm幅(ウエスト)0.7／0.7／0.7／0.8／0.8cm

【作り方】
準備
・ 前後ポケット口に伸止めテープをはる。
・ 身頃の肩、脇、袖口、裾、袋布の口にロックミシンをかける。
1 ポケット口を残して脇を縫止りまで縫う。縫い代は割る(p.42・1参照)。
2 ポケットを作る(p.42・2〜8参照)。
3 肩を縫う。縫い代は割る。
4 袖口を二つ折りにして縫う。
5 裾を二つ折りにして縫う。
6 衿ぐりをバイアステープで始末する。
7 ウエスト部分の裏側にバイアステープを当てて縫う。
8 衿ぐり、袖口、ウエストに平ゴムを通す。

袖口と脇の縫い代幅が違うので、注意しましょう

【裁合せ図】

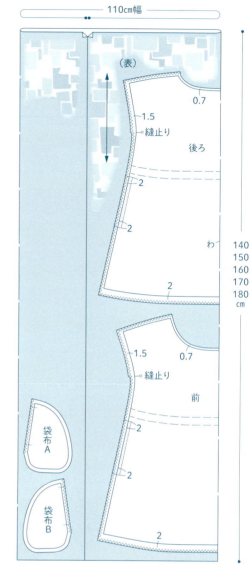

* 数字は上からサイズ100、110、120、130、140cm
* 指定以外の縫い代は1cm
* ▨ は伸止めテープをはる
* ⌇ はロックミシンをかける
* 袖口の縫い代は1.5、脇の縫い代は1なので、縫止りの下からなめらかにつなぐ

出来上り寸法表(単位はcm)

| サイズ | 100 | 110 | 120 | 130 | 140 |
|---|---|---|---|---|---|
| バスト | 92 | 96 | 100 | 104 | 108 |
| 着丈 | 54.5 | 59.5 | 64.5 | 69.5 | 75.5 |

※モデルは身長103cmで100cmサイズを着用しています

# 1、2、3、4、5

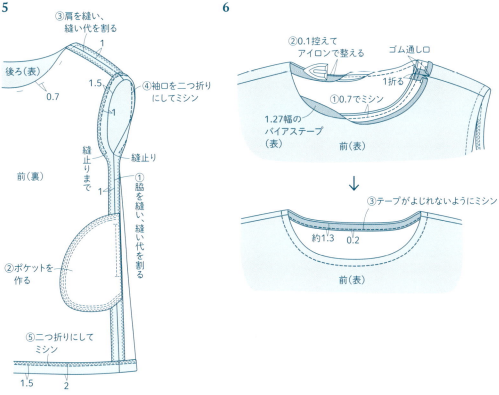

# 7、8

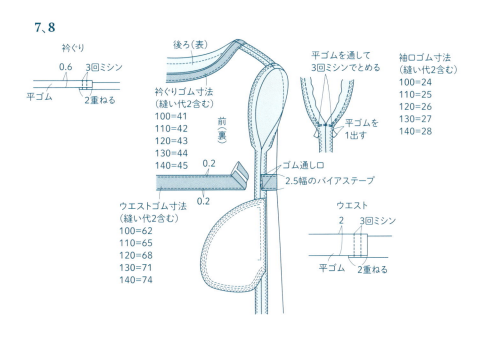

## page 16
## h・ストライプ×ストライプワンピース

**実物大パターンC面**

【材料】左からサイズ100／110／120／130／140cm。指定以外、各サイズ共通
布［綿ブロード太幅ストライプ］…110cm幅1.2／1.3／1.4／1.5／1.6m
布［綿ブロード細幅ストライプ］…110cm幅40cm
バイアステープ（両折れタイプ・白）…12.7mm幅（衿ぐり）80cm
　　　　　　　　　　　　　　　…25mm幅（ウエスト）1.3m
伸止めテープ（ポケット口）…12mm幅70cm
平ゴム…6mm幅1.6／1.7／1.7／1.8／1.9m

【作り方】
準備
・ 前後ポケット口に伸止めテープをはる。
・ 身頃の肩、脇、袖口フリルのはぎ、袋布の口にロックミシンをかける。
1 ポケット口を残して脇を縫止まで縫う。縫い代は割る(p.61・1参照)。
2 ポケットを作る(p.42・2〜8参照)。
3 肩を縫う。縫い代は割る。
4 袖口フリルを作り、つける。縫い代は身頃側に倒す。
5 衿ぐりをバイアステープで始末する(p.61・6参照)。
6 ウエスト部分の裏側にバイアステープを当てて縫う。
7 スカートフリルを作り、つける。縫い代は2枚一緒にロックミシンをかけ、身頃側に倒す。
8 衿ぐり、ウエストに平ゴムを通す。

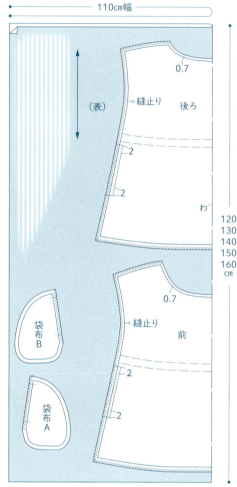

【裁合せ図】
太幅ストライプ

細幅ストライプ

＊数字は上からサイズ100、110、120、130、140cm
＊指定以外の縫い代は1cm
＊ □ は伸止めテープをはる
＊ ～～～ はロックミシンをかける

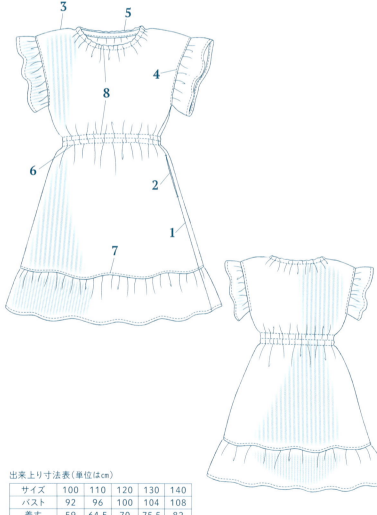

出来上り寸法表（単位はcm）

| サイズ | 100 | 110 | 120 | 130 | 140 |
|---|---|---|---|---|---|
| バスト | 92 | 96 | 100 | 104 | 108 |
| 着丈 | 59 | 64.5 | 70 | 75.5 | 82 |

※モデルは身長103cmで100cmサイズを着用しています

4

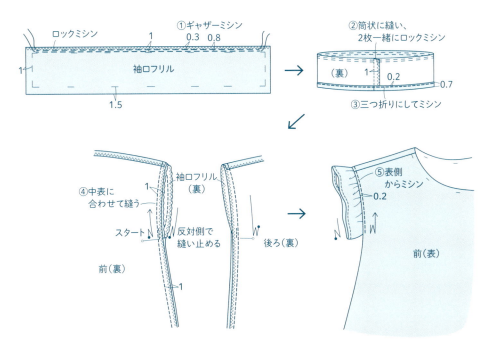

6、7

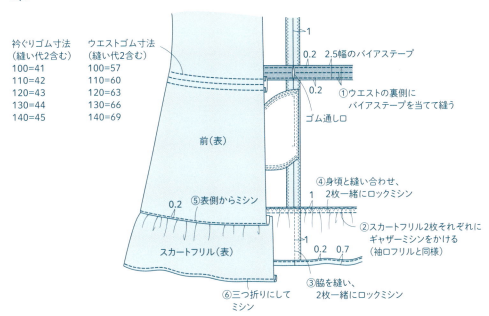

## i・コートワンピース

page 18

実物大パターンB、C面

【材料】左からサイズ100／110／120／130／140cm。指定以外、各サイズ共通
布［綿麻ギンガムチェック］…110cm幅 1.3／1.4／1.7／1.9／2.1m
接着芯（表衿、前見返し、後ろ衿ぐり見返し）…90cm幅 0.7／0.7／0.8／0.8／0.9m
ボタン…直径20mmを7個

【作り方】
準備
- 表衿、前見返し、後ろ衿ぐり見返しに接着芯をはる。
- 身頃の裾、袖口、前見返しの端、後ろ衿ぐり見返しの端、ポケットの周囲にロックミシンをかける。

1 ポケットを作り、つける。
2 脇を縫う。縫い代は2枚一緒にロックミシンをかけて前側に倒す。
3 肩を縫う。縫い代は2枚一緒にロックミシンをかけて後ろ側に倒す。見返しの肩を縫う。縫い代は前側に倒す。
4 衿を作る。
5 身頃と衿と見返しを中表に合わせて、衿ぐりを縫い返す。
6 見返しの下を縫い返し、裾を二つ折りにして縫う。前端、衿ぐりにステッチをかける。
7 袖を作る。
8 袖をつける。縫い代は2枚一緒にロックミシンをかけて袖側に倒す（p.69・7参照）。
9 ボタンホールを作り、ボタンをつける。

【裁合せ図】

*数字は上からサイズ100、110、120、130、140cm
*指定以外の縫い代は1cm
* ▨ は接着芯をはる
* ～ はロックミシンをかける

出来上り寸法表（単位はcm）

| サイズ | 100 | 110 | 120 | 130 | 140 |
|---|---|---|---|---|---|
| バスト | 67 | 71 | 75 | 79 | 83 |
| 着丈 | 54 | 59 | 64 | 69 | 75 |
| 袖丈 | 34.5 | 38.5 | 42.5 | 46.5 | 50.5 |

※モデルは身長103cmで100cmサイズを着用しています

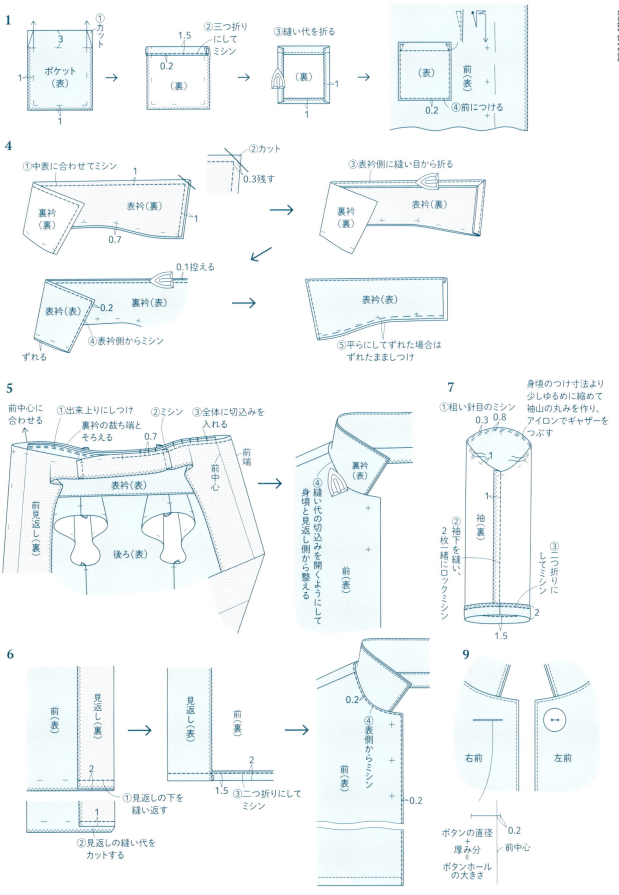

# j・セーラーカラーブラウス

**実物大パターンB面**

【材料】左からサイズ100／110／120／130／140cm。指定以外、各サイズ共通
布［綿デニム地］…108cm幅1／1.1／1.2／1.3／1.4m
接着芯（表衿、前見返し、後ろ衿ぐり見返し、表胸当て）…90cm幅40cm
ボタン…直径10mmを1個
スナップ…直径9mmを2組み
丸ゴム…直径1mmを5cm
リックラックテープ…10mm幅1.5／1.6／1.6／1.6／1.7m

【作り方】
準備
- 表衿、前見返し、後ろ衿ぐり見返し、表胸当てに接着芯をはる。
- 身頃の肩、脇、裾、袖下、袖口、前見返しの端、後ろ衿ぐり見返しの端にロックミシンをかける。
1. 脇を縫う。縫い代は割る。
2. 裾を二つ折りにして縫う(p.47・41参照)。
3. 身頃と見返しの肩をそれぞれ縫う。縫い代は割る。
4. 身頃にループをとめる(p.59・5参照)。
5. 衿を作る(p.59・6参照)。
6. 身頃、衿と見返しを中表に合わせて、衿ぐり、スラッシュあきを続けて縫い返し、衿ぐりにステッチをかける(p.59・7参照)。
7. 袖を作る。
8. 袖をつける。縫い代は2枚一緒にロックミシンをかけて袖側に倒す(p.69・7参照)。
9. 胸当てを作る(p.59・10参照)。
10. 衿、胸当て、袖口にリックラックテープをつける。
11. 胸当てを左側衿ぐりにとめる(p.59・10参照)。
12. ボタン、スナップをつける(p.59・11、p.87参照)。

【裁合せ図】

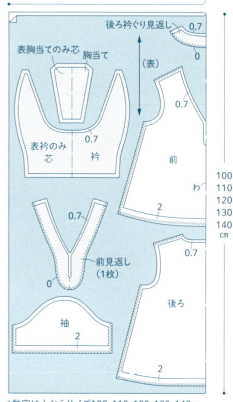

※数字は上からサイズ100、110、120、130、140cm
※指定以外の縫い代は1cm
※ ▨ は接着芯をはる
※ ～～ はロックミシンをかける

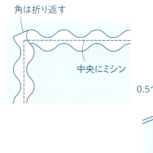

**10**
角は折り返す
中央にミシン
リックラックテープ
表衿（表）

**7、10**
針目の大きなミシン
袖（表）
袖口のミシン目に重ねる
リックラックテープ
0.5折って重ねる

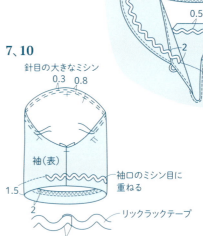

出来上り寸法表（単位はcm）

| サイズ | 100 | 110 | 120 | 130 | 140 |
|---|---|---|---|---|---|
| バスト | 67 | 71 | 75 | 79 | 83 |
| 着丈 | 35.5 | 38.5 | 41.5 | 44.5 | 47.5 |
| 袖丈 | 15 | 16 | 16.5 | 17.5 | 18 |

※モデルは身長103cmで100cmサイズを着用しています

## page 20
## r・セーラーパンツ

**実物大パターンD面**

【材料】左からサイズ100／110／120／130／140cm。指定以外、各サイズ共通
布［綿デニム地］…108cm幅0.7／0.8／0.8／0.9／1.1m
伸止めテープ（ポケット口）…12mm幅70cm
平ゴム…20mm幅0.5／0.6／0.6／0.6／0.6m
リックラックテープ…10mm幅1.2／1.2／1.3／1.3／1.3m

【作り方】
準備
・ 前後ポケット口に伸止めテープをはる。
・ 脇、袋布の口にロックミシンをかける。
1 左右ポケット口、左ウエストにゴム通し口を残して脇を縫う。縫い代は割る（p.83・1参照）。
2 ポケットを作る（p.42・2〜8参照）。
3 股下を縫う。縫い代は2枚一緒にロックミシンをかけて後ろ側に倒す（p.83・3参照）。
4 裾を三つ折りにして縫う（p.83・4参照）。
5 股ぐりを縫う。縫い代は2枚一緒にロックミシンをかけて右側に倒す。股ぐりの縫い代にとめミシンをかける（p.83・5参照）。
6 ウエストを三つ折りにして縫う（p.83・6参照）。
7 裾にリックラックテープをつける。
8 ウエストに平ゴムを通す。

【裁合せ図】

＊数字は上からサイズ100、110、120、130、140cm
＊指定以外の縫い代は1cm
＊ ▒▒ は伸止めテープをはる
＊ ～～ はロックミシンをかける

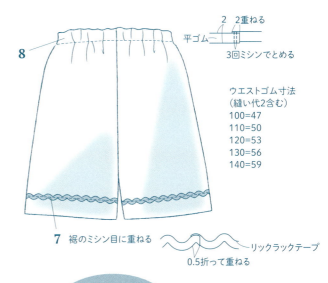

ウエストゴム寸法
（縫い代2含む）
100=47
110=50
120=53
130=56
140=59

ウエストゴムの長さは参考寸法です。試着をさせてから縫いとめましょう

出来上り寸法表（単位はcm)

| サイズ | 100 | 110 | 120 | 130 | 140 |
|---|---|---|---|---|---|
| ウエスト | 45 | 48 | 51 | 54 | 57 |
| ヒップ | 78 | 82 | 86 | 90 | 94 |
| パンツ丈 | 33 | 33.5 | 38 | 40.5 | 43 |

※モデルは身長103cmで100cmサイズを着用しています

## k・フードつきプルオーバー

**実物大パターンB面**

【材料】左からサイズ100／110／120／130／140cm。指定以外、各サイズ共通
布［綿中厚地］…110cm幅1／1.1／1.3／1.5／1.6m
接着芯（前見返し、後ろ衿ぐり見返し）…90cm幅30cm

【作り方】
準備
・ 前見返し、後ろ衿ぐり見返しに接着芯をはる。
・ 前見返しの端、後ろ衿ぐり見返しの端にロックミシンをかける。
1 フードを作る。
2 脇を縫う。縫い代は2枚一緒にロックミシンをかけて前側に倒す。
3 裾を三つ折りにして縫う。
4 身頃の肩を縫う。縫い代は2枚一緒にロックミシンをかけて後ろ側に倒す。見返しの肩を縫う。縫い代は前側に倒す。
5 身頃、フードと見返しを中表に合わせて、衿ぐり、スラッシュあきを続けて縫い返す。衿ぐりにステッチをかける（p.59・7参照）。
6 袖を作る。
7 袖をつける。縫い代は2枚一緒にロックミシンをかけて袖側に倒す。

【裁合せ図】

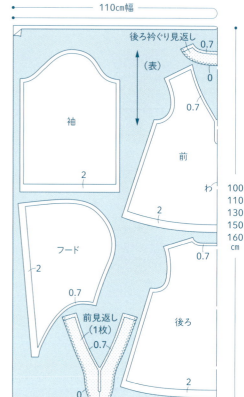

＊数字は上からサイズ100、110、120、130、140cm
＊指定以外の縫い代は1cm
＊ ▭ は接着芯をはる
＊ ～～ はロックミシンをかける

出来上り寸法表（単位はcm）

| サイズ | 100 | 110 | 120 | 130 | 140 |
|---|---|---|---|---|---|
| バスト | 67 | 71 | 75 | 79 | 83 |
| 着丈 | 35.5 | 38.5 | 41.5 | 44.5 | 47.5 |
| 袖丈 | 34.5 | 38.5 | 42.5 | 46.5 | 50.5 |

※モデルは身長101cmで100cmサイズを着用しています

1

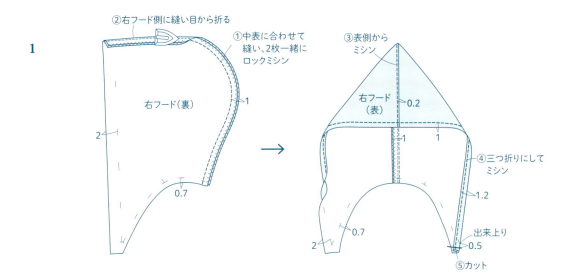

2、3、4  5

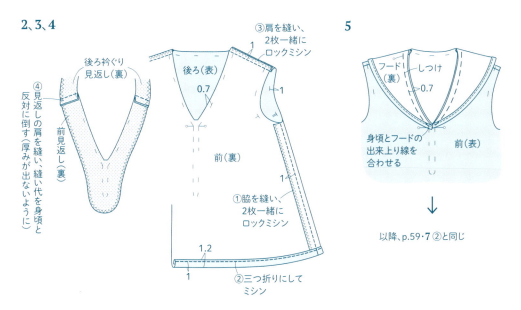

以降、p.59・7②と同じ

6  7

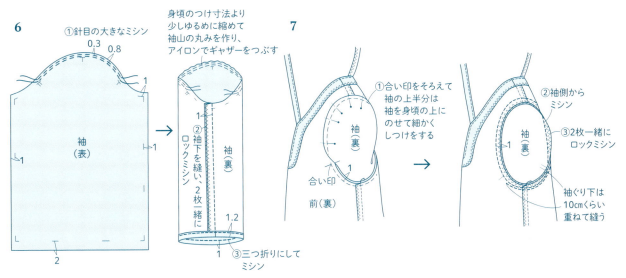

# 1・フリルスリーブブラウス

**実物大パターンB、C面**

【材料】左からサイズ100／110／120／130／140cm。指定以外、各サイズ共通
布［綿タナローンプリント］…110cm幅0.9／0.9／1.1／1.2／1.2m
接着芯（表衿、前見返し、後ろ衿ぐり見返し）…90cm幅0.5／0.5／0.6／0.6／0.7m
バイアステープ（両折れタイプ・ピンク）…12.7mm幅40cm
ボタン…直径13mmを5個

【作り方】
準備
- 表衿、前見返し、後ろ衿ぐり見返しに接着芯をはる。
- 身頃の裾、前見返しの端、後ろ衿ぐり見返しの端、袖フリルのはぎにロックミシンをかける。

1 袖フリルを作る。
2 身頃の肩を縫う。縫い代は2枚一緒にロックミシンをかけて後ろ側に倒す。見返しの肩を縫う。縫い代は前側に倒す。
3 脇を縫う。縫い代は2枚一緒にロックミシンをかけて前側に倒す。
4 袖フリルをつけ、袖ぐり底をバイアステープで始末する。
5 衿を作る。
6 身頃と衿と見返しを中表に合わせて、衿ぐりを縫い返す（p.65・5参照）。
7 見返しの下を縫い返し、裾を二つ折りにして縫う。前端、衿ぐりにステッチをかける（p.65・6参照）。
8 ボタンホールを作り、ボタンをつける（p.65・9参照）。

【裁合せ図】

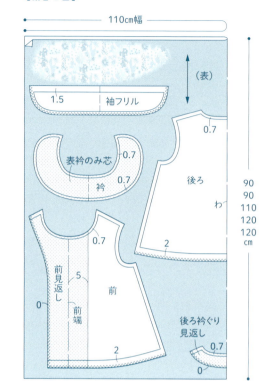

*数字は上からサイズ100、110、120、130、140cm
*指定以外の縫い代は1cm
* ▨ は接着芯をはる
* 〰〰〰 はロックミシンをかける

出来上り寸法表（単位はcm）

| サイズ | 100 | 110 | 120 | 130 | 140 |
|---|---|---|---|---|---|
| バスト | 67 | 71 | 75 | 79 | 83 |
| 着丈 | 35.5 | 38.5 | 41.5 | 44.5 | 47.5 |

※モデルは身長103cmで100cmサイズを着用しています

生地が薄手なので、90番ミシン糸、9番ミシン針（普通地では60番ミシン糸、11番ミシン針を使用）がおすすめです

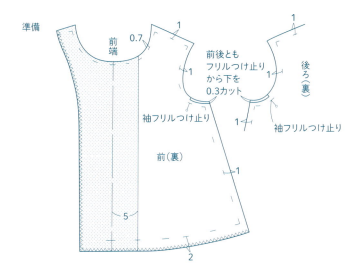

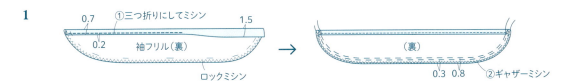

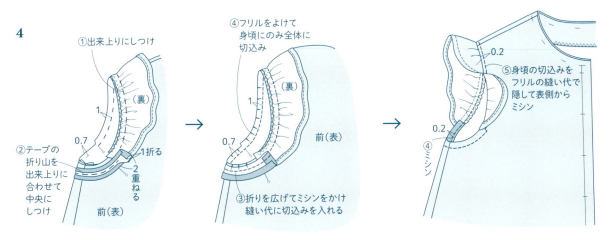

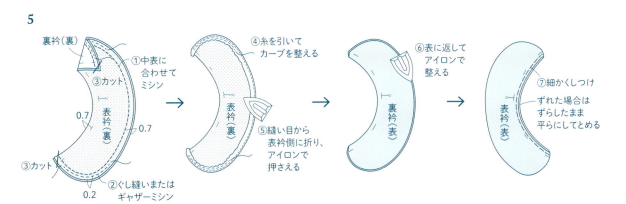

## page 26
## m・ペプラムブラウス

実物大パターンC面

【材料】左からサイズ100／110／120／130／140cm。指定以外、各サイズ共通
布［綿レース地］…110cm幅1.3／1.4／1.4／1.5／1.5m
バイアステープ（両折れタイプ・白）…12.7mm幅80cm
平ゴム…6mm幅0.6／0.7／0.7／0.7／0.7m

【作り方】
準備
・ 身頃の脇にロックミシンをかける。
1 肩を縫う。縫い代は2枚一緒にロックミシンをかけ、後ろ側に倒す。
2 脇を縫止りまで縫う。縫い代は割る。
3 袖口を三つ折りにして縫う。
4 衿ぐりをバイアステープで始末する（p.61・6参照）。
5 上下ペプラムの脇をそれぞれ縫う。縫い代は2枚一緒にロックミシンをかけ、上ペプラムは前、下ペプラムは後ろに倒す。
6 上下ペプラムの裾をそれぞれ三つ折りにして縫う。
7 上下ペプラムを重ねてギャザーを寄せ、身頃と縫い合わせる。縫い代は3枚一緒にロックミシンをかけ、身頃側に倒す。
8 衿ぐりに平ゴムを通す。

【裁合せ図】

＊数字は上からサイズ100、110、120、130、140cm
＊指定以外の縫い代は1cm
＊ ~~~~~ はロックミシンをかける
＊袖口の縫い代は1.5、脇の縫い代は1なので、縫止りの下からなめらかにつなぐ

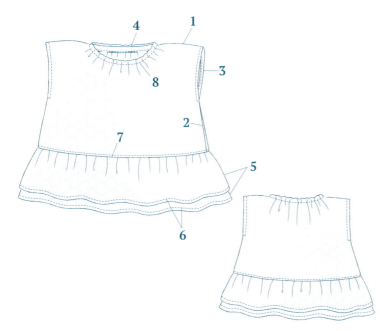

出来上り寸法表（単位はcm）

| サイズ | 100 | 110 | 120 | 130 | 140 |
|---|---|---|---|---|---|
| バスト | 92 | 96 | 100 | 104 | 108 |
| 着丈 | 36 | 38.5 | 41 | 43.5 | 46 |

※モデルは身長103cmで100cmサイズを着用しています

袖をつけるなら、16ページのワンピースの袖フリルのパターンが合いますよ☆

## 1、2、3

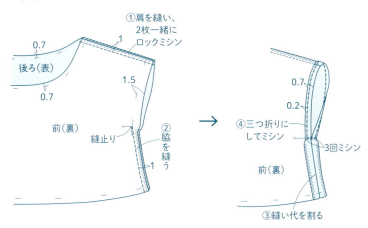

## 5、6、7

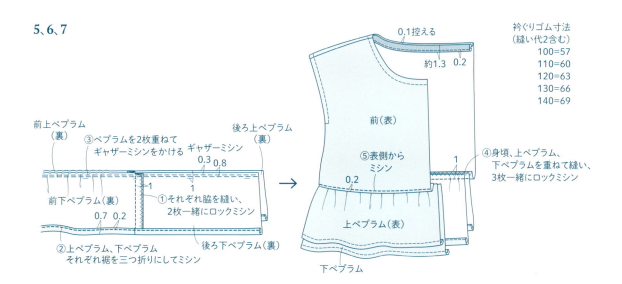

# n・ジャンパースカート

**実物大パターンD面**

【材料】左からサイズ100／110／120／130／140cm。指定以外、各サイズ共通
布［綿シャツコール］…108cm幅 0.8／0.9／1.1／1.2／1.2m
伸止めテープ（ポケット口）…12mm幅70cm
平ゴム…20mm幅（ウエスト）0.6／0.6／0.6／0.6／0.7m
　　　　6mm幅（ボタンループ）10cm
ボタン…直径15mmを6個

【作り方】
準備
・ 前後ポケット口に伸止めテープをはる。
・ スカートの脇、裾、袋布の口にロックミシンをかける。
1 肩ひもを作り、ボタンをつける。
2 肩ひもをはさんで胸当てを縫い返す。
3 胸ポケットを作り、胸当てにつける。
4 左右ポケット口、左ウエストにゴム通し口を残して脇を縫う。縫い代は割る。
5 ポケットを作る（p.42・2〜8参照）。
6 ウエストに胸当てと0.6cm幅の平ゴムをはさみ、三つ折りにして縫う。胸当てを起こしてスカートにとめる。
7 裾を二つ折りにして縫う。
8 ウエストに平ゴムを通し、とめミシンをかける。

【裁合せ図】

サイズ100、110

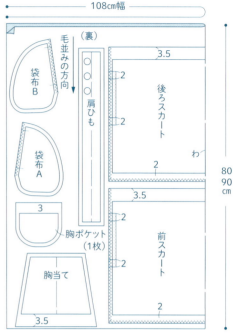

サイズ120、130、140

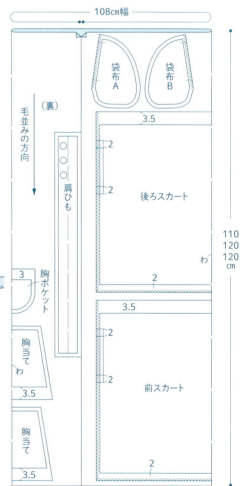

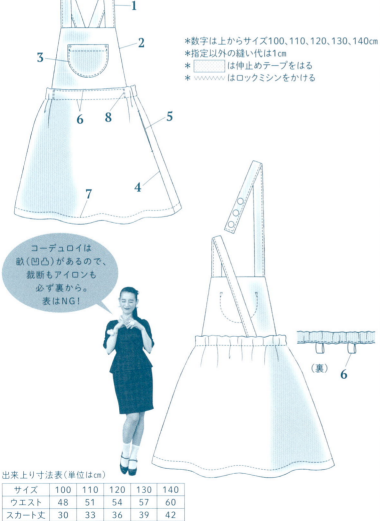

＊数字は上からサイズ100、110、120、130、140cm
＊指定以外の縫い代は1cm
＊ ▨ は伸止めテープをはる
＊ 〜〜〜 はロックミシンをかける

コーデュロイは
畝（凹凸）があるので、
裁断もアイロンも
必ず裏から。
表はNG！

出来上り寸法表（単位はcm）

| サイズ | 100 | 110 | 120 | 130 | 140 |
|---|---|---|---|---|---|
| ウエスト | 48 | 51 | 54 | 57 | 60 |
| スカート丈 | 30 | 33 | 36 | 39 | 42 |

※モデルは身長103cmで100cmサイズを着用しています

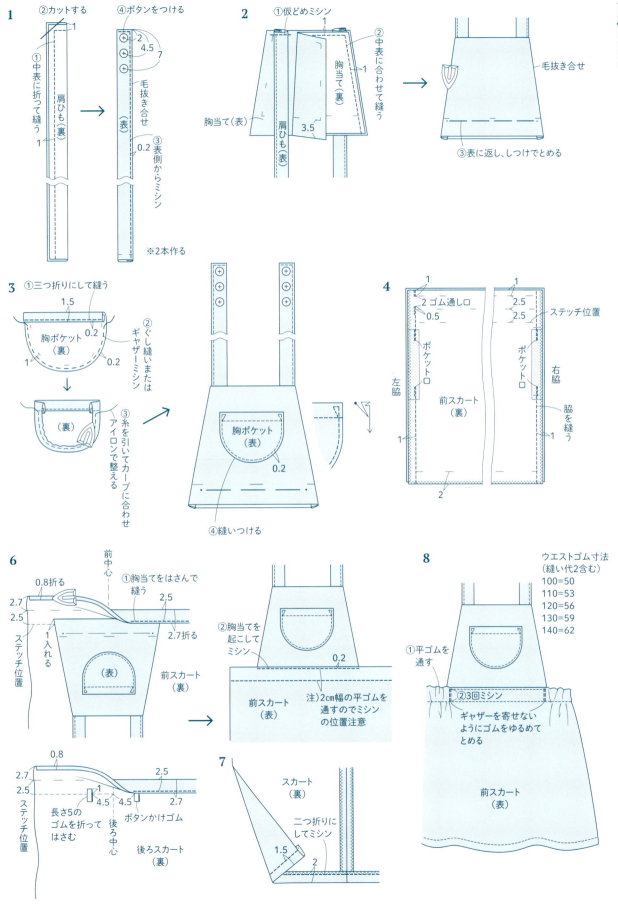

page 28

## o・オーバーオール

**実物大パターンD面**

【材料】左からサイズ100／110／120／130／140㎝。指定以外、各サイズ共通
布［綿シャツコール］…108㎝幅1.2／1.3／1.5／1.7／1.8m
伸止めテープ（ポケット口）…12㎜幅70㎝
平ゴム…20㎜幅（ウエスト）0.6／0.6／0.6／0.6／0.7m
　　　　6㎜幅（ボタンループ）10㎝
ボタン…直径15㎜を6個

【作り方】
準備
・ 前後ポケット口に伸止めテープをはる。
・ パンツの脇、袋布の口にロックミシンをかける。
1　肩ひもを作り、ボタンをつける。
2　肩ひもをはさんで胸当てを縫い返す。
3　胸ポケットを作り、胸当てにつける。
4　左右ポケット口、左ウエストにゴム通し口を残して脇を縫う。縫い代は割る（p.83・1参照）。
5　ポケットを作る（p.42・2〜8参照）。
6　股下を縫う。縫い代は2枚一緒にロックミシンをかけて後ろ側に倒す。
7　裾を三つ折りにして縫う。
8　股ぐりを縫う。縫い代は2枚一緒にロックミシンをかけて右側に倒す。股ぐりの縫い代にとめミシンをかける。
9　ウエストに胸当てと0.6㎝幅の平ゴムをはさみ、三つ折りにして縫う。胸当てを起こしてパンツにとめる（p.75・6参照）。
10　ウエストに平ゴムを通し、とめミシンをかける（p.75・8参照）。

【裁合せ図】

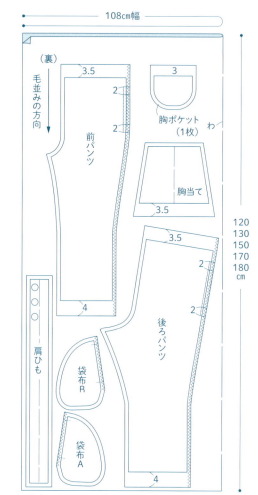

＊数字は上からサイズ100、110、120、130、140㎝
＊指定以外の縫い代は1㎝
＊　　　は伸止めテープをはる
＊〜〜〜〜はロックミシンをかける

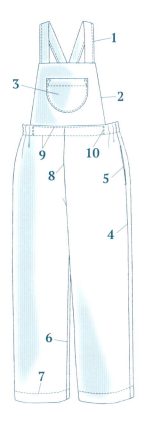
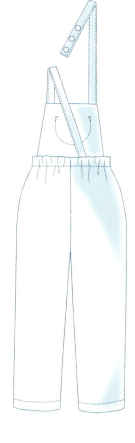

出来上り寸法表（単位は㎝）

| サイズ | 100 | 110 | 120 | 130 | 140 |
|---|---|---|---|---|---|
| ウエスト | 48 | 51 | 52 | 57 | 60 |
| ヒップ | 70 | 74 | 78 | 82 | 86 |
| パンツ丈 | 59 | 66 | 73 | 80 | 87 |

※モデルは身長101㎝で100㎝サイズを着用しています

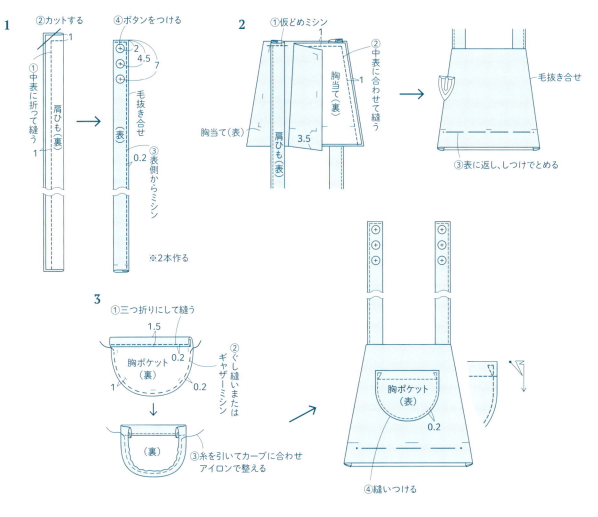
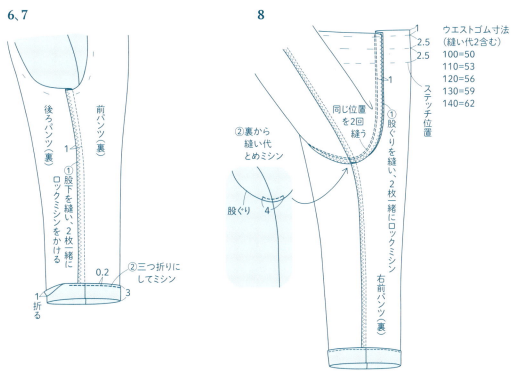

## page 30
## p・タックギャザースカート

**実物大パターンD面**

【材料】左からサイズ100／110／120／130／140cm。指定以外、各サイズ共通
布［リネン無地］…105cm幅1.2／1.2／1.3／1.4／1.5m
伸止めテープ（ポケット口）…12mm幅70cm
平ゴム…20mm幅0.5／0.6／0.6／0.6／0.6m

【作り方】
準備
・ 前後ポケット口に伸止めテープをはる。
・ 脇、袋布の口にロックミシンをかける。
1　ポケット口を残して脇を縫う。縫い代は割る（p.42・1参照）。
2　ポケットを作る（p.42・2〜8参照）。
3　裾を三つ折りにして縫う。
4　ウエストのタックをたたむ。
5　ベルトを作り、ウエストにつける。平ゴムを通す。

【裁合せ図】

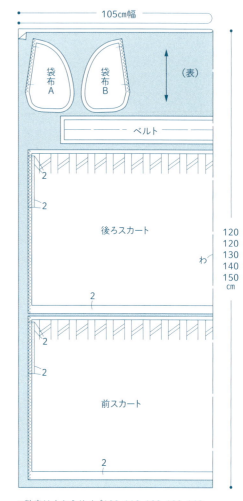

＊数字は上からサイズ100、110、120、130、140cm
＊指定以外の縫い代は1cm
＊ □ は伸止めテープをはる
＊ 〜〜〜 はロックミシンをかける

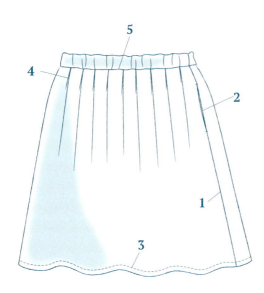

タックの記号は、「斜線の上から下に向かって倒す」と覚えましょう

出来上り寸法表（単位はcm）

| サイズ | 100 | 110 | 120 | 130 | 140 |
|---|---|---|---|---|---|
| ウエスト | 45 | 48 | 51 | 54 | 57 |
| スカート丈 | 40 | 43 | 46 | 49 | 52 |

※モデルは身長103cmで100cmサイズを着用しています

# Tuck Gather Skirt

## 1、2、3、4

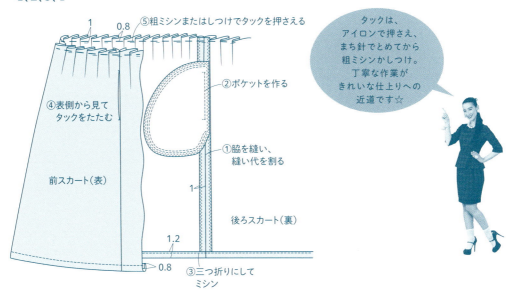

- ⑤粗ミシンまたはしつけでタックを押さえる
- 1
- 0.8
- ④表側から見てタックをたたむ
- 前スカート(表)
- ②ポケットを作る
- ①脇を縫い、縫い代を割る
- 後ろスカート(裏)
- 1
- 1.2
- 0.8
- ③三つ折りにしてミシン

タックは、アイロンで押さえ、まち針でとめてから粗ミシンかしつけ。丁寧な作業がきれいな仕上りへの近道です☆

## 5

- 1
- 1
- ベルト(裏)
- ①左脇を縫う
- ゴム通し口を残す

↓

- 1
- 左脇
- (裏)
- 0.8折る
- 1
- ゴム通し口
- ②スカートとベルトを中表に合わせて縫う
- 前スカート(表)
- 後ろスカート(表)

↓

③ベルトとスカートの境目にミシン

→

- 平ゴムを2重ねる
- ④3回ミシンでとめる
- 後ろスカート(裏)

ウエストゴム寸法
(縫い代2含む)
100=47
110=50
120=53
130=56
140=59

# q・バルーンティアードスカート

**実物大パターンD面**

【材料】左からサイズ100／110／120／130／140cm。指定以外、各サイズ共通
布[綿ダブルガーゼプリント地]…108cm幅1.7／1.8／2.6／2.8／3.1m
平ゴム…20mm幅0.5／0.6／0.6／0.6／0.6m

【作り方】
1 内スカート、外スカートの脇をそれぞれ縫う。縫い代は割る。
2 外スカートのウエストにタックをたたみ、内スカートと重ねる。
3 ベルトを作り、ウエストにつける。平ゴムを通す（p.79・5参照）。

【裁合せ図】

サイズ100、110cm

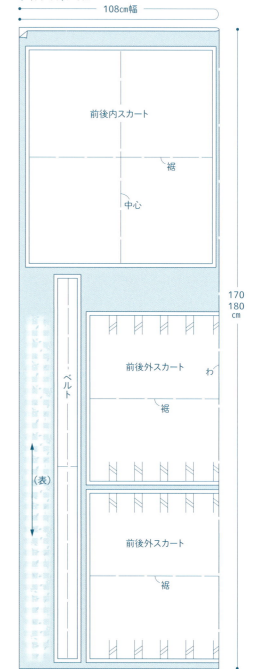

\*数字は上からサイズ100、110cm
\*縫い代はすべて1cm

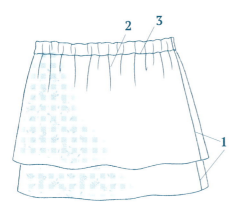

布を2重にして
ふんわり仕上げる
このスカートには、
空気を含んでやわらかい
ダブルガーゼが
おすすめ☆

出来上り寸法表（単位はcm）

| サイズ | 100 | 110 | 120 | 130 | 140 |
|---|---|---|---|---|---|
| ウエスト | 45 | 48 | 51 | 54 | 57 |
| スカート丈 | 28 | 31 | 34 | 37 | 40 |

※モデルは身長103cmで100cmサイズを着用しています

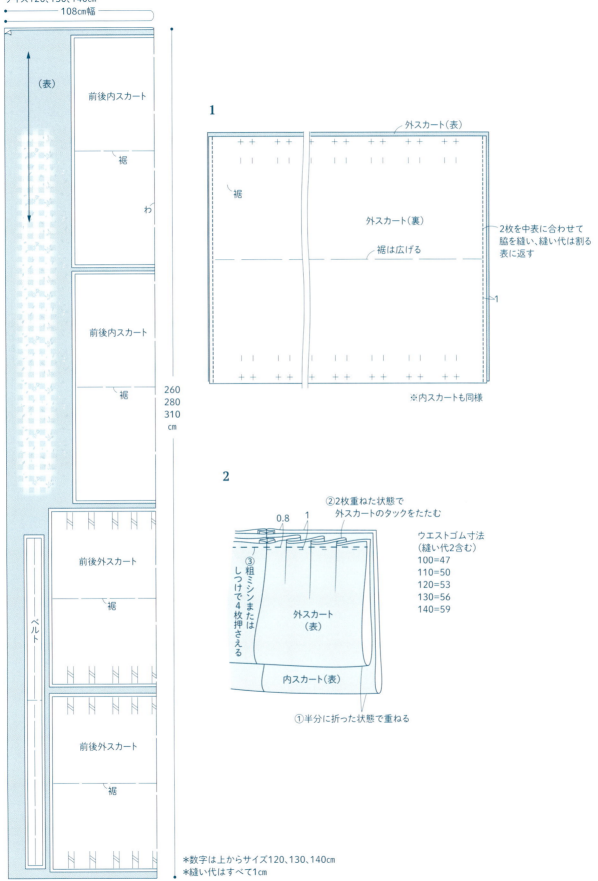

## page 34
### r・ベーシックショートパンツ

`実物大パターンD面`

【材料】左からサイズ100／110／120／130／140cm。指定以外、各サイズ共通
布[タータンチェック]…148cm幅0.5／0.5／0.6／0.6／0.6m
伸止めテープ（ポケット口）…12mm幅70cm
平ゴム…20mm幅0.5／0.6／0.6／0.6／0.6m

【作り方】
準備
・ 前後ポケット口に伸止めテープをはる。
・ 脇、袋布の口にロックミシンをかける。
1 左右ポケット口、左ウエストにゴム通し口を残して脇を縫う。縫い代は割る。
2 ポケットを作る（p.42・2～8参照）。
3 股下を縫う。縫い代は2枚一緒にロックミシンをかけて後ろ側に倒す。
4 裾を三つ折りにして縫う。
5 股ぐりを縫う。縫い代は2枚一緒にロックミシンをかけて右側に倒す。股ぐりの縫い代にとめミシンをかける。
6 ウエストを三つ折りにして縫う。
7 ウエストに平ゴムを通す。

【裁合せ図】

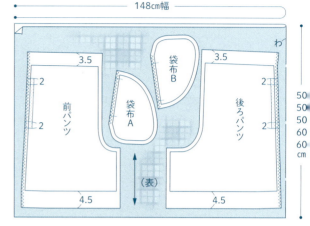

＊数字は上からサイズ100、110、120、130、140cm
＊指定以外の縫い代は1cm
＊ □ は伸止めテープをはる
＊ ～～～ はロックミシンをかける

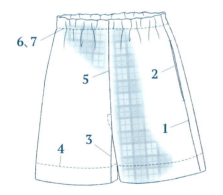

出来上り寸法表（単位はcm）

| サイズ | 100 | 110 | 120 | 130 | 140 |
|---|---|---|---|---|---|
| ウエスト | 45 | 48 | 51 | 54 | 57 |
| ヒップ | 78 | 82 | 86 | 90 | 94 |
| パンツ丈 | 33 | 35.5 | 38 | 40.5 | 43 |

※モデルは身長101cmで100cmサイズを着用しています

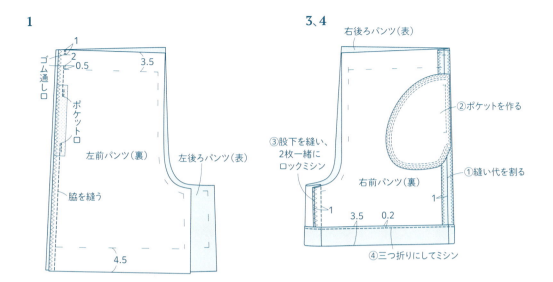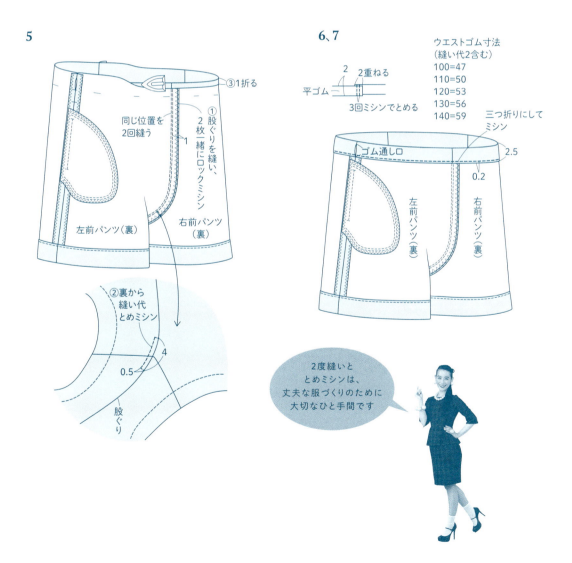

## page 36
## s・フリルパンツ

**実物大パターンD面**

【材料】左からサイズ100／110／120／130／140cm。指定以外、各サイズ共通
布［綿ダンボールニット地］…150cm幅 0.6／0.7／0.7／0.8／0.8m
伸止めテープ（ポケット口）…12mm幅70cm
平ゴム…20mm幅 0.5／0.6／0.6／0.6／0.6m

【作り方】
準備
・ 前後ポケット口に伸止めテープをはる。
・ 脇、袋布の口にロックミシンをかける。
1　左右ポケット口、左ウエストにゴム通し口を残して脇を縫う。縫い代は割る（p.83・1参照）。
2　ポケットを作る（p.42・2〜8参照）。
3　股下を縫う。縫い代は2枚一緒にロックミシンをかけて後ろ側に倒す（p.83・3参照）。
4　フリルを作り、裾につける。
5　股ぐりを縫う。縫い代は2枚一緒にロックミシンをかけて右側に倒す。股ぐりの縫い代にとめミシンをかける（p.83・5参照）。
6　ウエストを三つ折りにして縫う（p.83・6参照）。
7　ウエストに平ゴムを通す。

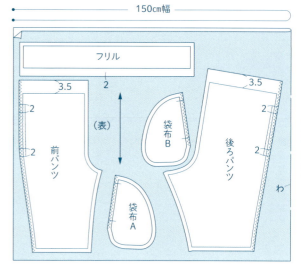

【裁合せ図】

*数字は上からサイズ100、110、120、130、140cm
*指定以外の縫い代は1cm
* ▨ は伸止めテープをはる
* ～～ はロックミシンをかける

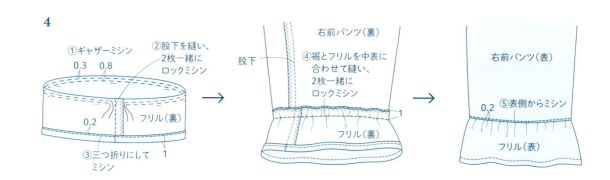

ウエストゴム寸法
（縫い代2含む）
100=47
110=50
120=53
130=56
140=59

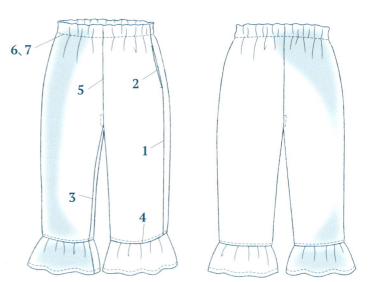

出来上り寸法表（単位はcm）

| サイズ | 100 | 110 | 120 | 130 | 140 |
|---|---|---|---|---|---|
| ウエスト | 45 | 48 | 51 | 54 | 57 |
| ヒップ | 70 | 74 | 78 | 82 | 86 |
| パンツ丈 | 47 | 51.5 | 56 | 60.5 | 65 |

※モデルは身長101cmで100cmサイズを着用しています

## page 38
## t・かぼちゃパンツ
**実物大パターンD面**

【材料】左からサイズ100／110／120／130／140cm。指定以外、各サイズ共通
布［綿ポリエステルギンガムチェック］…108cm幅0.7／0.8／0.8／0.9／1.1m
伸止めテープ（ポケット口）…12mm幅70cm
平ゴム…20mm幅0.5／0.6／0.6／0.6／0.6m
　　　…10mm幅40cm

【作り方】
準備
- 前後ポケット口に伸止めテープをはる。
- 脇、袋布の口にロックミシンをかける。

1. 左右ポケット口と裾ゴム通し口、左ウエストにゴム通し口を残して脇を縫う。縫い代は割る。
2. ポケットを作る（p.42・2〜8参照）。
3. 股下を縫う。縫い代は2枚一緒にロックミシンをかけて後ろ側に倒す。
4. 裾を三つ折りにして縫い、ゴム通しのステッチをかける。
5. 股ぐりを縫う。縫い代は2枚一緒にロックミシンをかけて右側に倒す。股ぐりの縫い代にとめミシンをかける（p.83・5参照）。
6. ウエストを三つ折りにして縫う（p.83・6参照）。
7. ウエストと裾に平ゴムを通す。

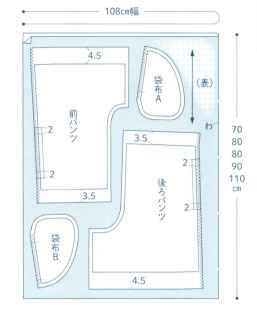

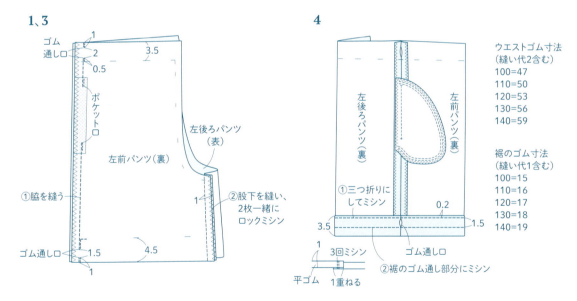

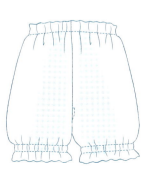

出来上り寸法表（単位はcm）

| サイズ | 100 | 110 | 120 | 130 | 140 |
|---|---|---|---|---|---|
| ウエスト | 45 | 48 | 51 | 53 | 57 |
| ヒップ | 78 | 82 | 86 | 90 | 94 |
| パンツ丈 | 33 | 35.5 | 38 | 40.5 | 43 |

※モデルは身長101cmで100cmサイズを着用しています。

## page 16 ストライプ×ストライプヘアバンド

**実物大パターンなし**

【材料】
布［綿ブロード細幅ストライプ］…25×60cm
布［チュール］…20×60cm
接着芯（土台布）…20×60cm
平ゴム…10mm幅20cm

【作り方】
準備
・ 土台布に接着芯をはる。
1 ゴム通しを縫う。表に返して平ゴムを通し、両端をとめる。
2 土台布にチュールとゴム通しを仮どめする。返し口を残して、土台布を縫う。
3 土台布を中央でひと結びする。返し口にゴム通しを差し込み、ステッチでとめる。
4 土台布の両角を突合せにしてかがる。

【裁ち方図】

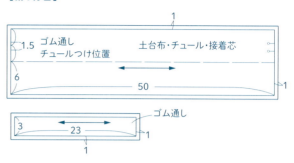

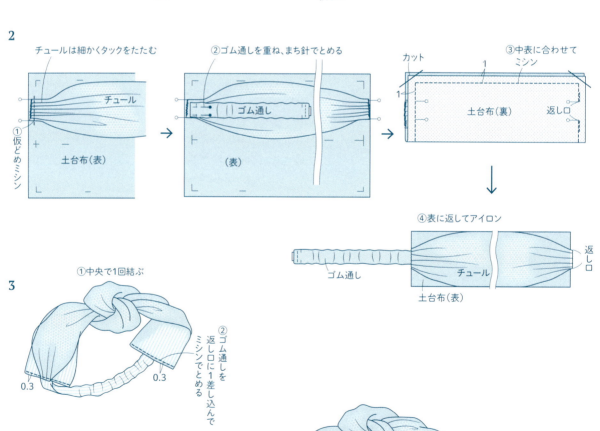

# Basic Technique
## 手縫いの基礎テクニック

### 玉結び

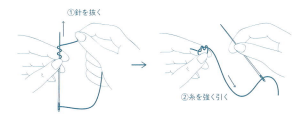

縫始めの糸が抜けないように作る結び玉のこと。針先に2〜3回糸を巻きつけて針を抜き、糸を引き締める。

### 玉止め

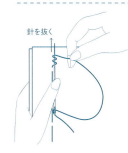

縫終りの糸が抜けないように作る結び玉のこと。針先に2〜3回糸を巻きつけて針を抜き、糸を引き締める。

### 普通まつり

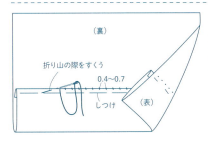

布端を折ってしっかりととめつける方法。折り山に針を出し、織り糸1〜2本をすくう。

### 奥まつり

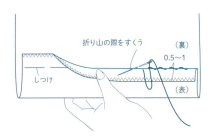

縫い代をめくり、折り山の際に針を出し、織り糸1〜2本をすくう。

### ボタンのつけ方

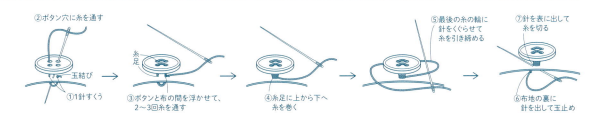

### スナップのつけ方

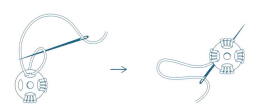

①糸の輪に針を通して糸を引いて結び玉を作り、とめつける

②最後は、玉止めをしてスナップの下に引き込んで糸を切る

### スプリングホックのつけ方

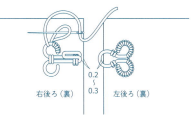

ファスナーを閉めたときに、すきまがあかないようにつける。
後ろ中心の上端につける場合、ホックがかけやすいように、利き手側（右利きの場合は右身頃）につける。

## 篠原ともえ

1995年16歳で歌手デビュー。タレント、衣装デザイナー、歌手、女優、ナレーター、ソングライター等、多彩な才能を生かした幅広いジャンルで活躍。'90年代、自身のアイディアによるデコラティブな"シノラーファッション"は一大ムーブメントとして大流行。文化女子大学短期大学部(現・文化学園大学短期大学部)でデザインを本格的に学び、自身のステージ衣装をはじめ、さまざまなアーティストの衣装デザインを手がけている。著書に『篠原ともえのソーイングBOOK ザ・ワンピース』『篠原ともえのソーイングBOOK ザ・ワンピース2』(文化出版局)がある。

| | |
|---|---|
| デザイン | 篠原ともえ |
| ブックデザイン | 林 瑞穂 |
| 撮影 | 佐々木慎一 |
| | 安田如水(文化出版局・p.3、40〜48) |
| スタイリング | 相澤 樹 |
| ヘア&メイク | 奥平正芳 |
| モデル | アーチャー キラ リウ |
| マスターパターン | 助川睦子 山口智美 横山ひとえ |
| 作品製作協力 | 秀島史子 |
| 作り方解説 | 助川睦子 |
| トレース | 大楽里美 |
| パターングレーディング | 上野和博 |
| パターン整理 | 山﨑舞華 |
| 校閲 | 向井雅子 |
| 編集 | 三角紗綾子(文化出版局) |

# ザ・ワンピース for KIDS
## 篠原ともえのソーイングBOOK

2018年3月2日　第1刷発行

著　者　篠原ともえ
発行者　大沼 淳
発行所　学校法人文化学園 文化出版局
〒151-8524 東京都渋谷区代々木3-22-1
TEL. 03-3299-2487(編集)
TEL. 03-3299-2540(営業)
印刷・製本所 株式会社文化カラー印刷

©株式会社古舘プロジェクト 2018　Printed in Japan
本書の写真、カット及び内容の無断転載を禁じます。

・本書のコピー、スキャン、デジタル化等の無断複製は著作権法上での例外を除き、禁じられています。本書を代行業者等の第三者に依頼してスキャンやデジタル化することは、たとえ個人や家庭内での利用でも著作権法違反になります。
・本書で紹介した作品の全部または一部を商品化、複製頒布、及びコンクールなどの応募作品として出品することは禁じられています。
・撮影状況や印刷により、作品の色は実物と多少異なる場合があります。ご了承ください。

文化出版局のホームページ　http://books.bunka.ac.jp/

[布地提供]
掲載の布地は、時期によっては、完売もしくは売切れになる場合があります。ご了承いただきますよう、お願い致します。

イオンリテール(パンドラハウス)
http://www.pandorahouse.net/
お問合せはお近くの店舗へ
(p.14のバニランプリント・ミラクルスクエア、p.32のダブルガーゼ・チェックフラワー)

オカダヤ新宿本店
tel.03-3352-5411
http://www.okadaya.co.jp/shinjuku
(p.4、34のT/Rタータン*、p.4の1000カラー、p.8のポリエステルシャンタンフロッキー、カラミチュール、p.16のブロード太幅ストライプ、細幅ストライプ／*は参考商品)

清原
http://www.kiyohara.co.jp/store/
(p.20のやわらかデニム)

コッカ
http://www.kokka.co.jp/
(p.10のMUDDY WORKS by Tomotake カメリア柄)

布地のお店 ソールパーノ
https://www.rakuten.co.jp/solpano/
(p.26のローンレース、p.28、29のシャツコール、p.36のコットンダンボールニット、p.38のポリエステルコットン蛍光ギンガムチェック)

チェック&ストライプ吉祥寺店
tel.0422-23-5161
http://checkandstripe.com
(p.6のナチュラルコットンHOLIDAY、p12の星の綿麻、コットンリネンレジェール、p.18のハーフリネンチェック・小、p.22の力織機で織ったコットン、p.30のカラーリネン)

リバティジャパン
tel.03-6412-8320
http://www.liberty-japan.co.jp
(p.24のタナローン生地 Margaret Annie)

[用具提供]
クロバー
tel.06-6978-2277(お客様係)
http://www.clover.co.jp

[衣装提供]
掲載の商品は、時期によっては、完売もしくは売切れになる場合があります。ご了承いただきますよう、お願い致します。

frankygrow concept shop
tel.03-6433-5656
http://frankygrow.com/
(p.14の腕につけたリボン/フルフルドシュクル、p.38のパーカー、タイツ/frankygrow)